Nas Malhas da Obsessão

Valdemir Barbosa

Nas Malhas da Obsessão

© 2013, Madras Editora Ltda.

Editor:
Wagner Veneziani Costa

Produção e Capa:
Equipe Técnica Madras

Revisão:
Margarida Ap. Gouvêa de Santana
Silvia Massimini Felix
Maria Cristina Scomparini

Dados Internacionais de Catalogação na Publicação (CIP)
(Câmara Brasileira do Livro, SP, Brasil)

Barbosa, Valdemir
Nas malhas da obsessão/Valdemir Barbosa. – 1. ed. – São Paulo: Madras, 2013.
Bibliografia
ISBN 978-85-370-0851-5

1. Espiritismo 2. Romance espírita I. Título.

13-04946   CDD-133.93

Índices para catálogo sistemático:
1. Romances espíritas: Espiritismo 133.93

É proibida a reprodução total ou parcial desta obra, de qualquer forma ou por qualquer meio eletrônico, mecânico, inclusive por meio de processos xerográficos, incluindo ainda o uso da internet, sem a permissão expressa da Madras Editora, na pessoa de seu editor (Lei nº 9.610, de 19.2.98).

Todos os direitos desta edição reservados pela

MADRAS EDITORA LTDA.
Rua Paulo Gonçalves, 88 – Santana
CEP: 02403-020 – São Paulo/SP
Caixa Postal: 12183 – CEP: 02013-970
Tel.: (11) 2281-5555 – Fax: (11) 2959-3090
www.madras.com.br

Espíritas, amai-vos, eis o primeiro ensinamento; instruí-vos, eis o segundo.

O Evangelho Segundo o Espiritismo – capítulo VI, item 5.

* * * * * * * *

Não foram nem os médiuns nem os espíritas que criaram os Espíritos, mas antes os Espíritos que fizeram com que houvesse espíritas e médiuns (...)

O Livro dos Médiuns – Segunda Parte – capítulo XXIII, item 244.

* * * * * * * *

A obsessão é o império que os maus Espíritos tomam sobre certas pessoas, tendo em vista dominá-las e submetê-las à sua vontade, pelo prazer que sentem em fazer o mal. Quando um Espírito, bom ou mau, quer agir sobre um indivíduo, ele o envolve, por assim dizer, com seu perispírito, como um manto; os fluidos se penetram, os dois pensamentos e as duas vontades se confundem e o Espírito pode, então, se servir desse corpo como o seu próprio, fazê-lo agir segundo sua vontade, falar, escrever e desenhar, tais são os médiuns.

Obras Póstumas – Primeira Parte; Da Obsessão e da Possessão.

E-mail para contato com autor: valdemirpbarbosa@gmail.com

Nota do Editor

A Madras Editora não participa, endossa ou tem qualquer autoridade ou responsabilidade no que diz respeito a transações particulares de negócio entre o autor e o público.

Quaisquer referências de internet contidas neste trabalho são as atuais, no momento de sua publicação, mas o editor não pode garantir que a localização específica será mantida.

Índice

Prólogo 9

Capítulos:

Uma Excursão 11
O Encontro 19
Fascínio da Paixão 29
Mediunidade em Desalinho 41
Descobertas 49
Oportunidades de Recomeço 59
Sob o Domínio do Instinto 75
De Onde Menos Se Espera 95
Perseguição ou Obsessão? 115
Caminhos Que Se Cruzam 131
Desmistificando Conceitos 141
Desobsessão 149
Existência e Aprendizado 163

Bibliografia 167

Prólogo

Fazia exatamente cinco anos que a senhora Eleonora, no alto de seus 61 anos, havia deixado o corpo físico, após ter estado em coma profundo, aparentemente inexplicável pela medicina humana.

A poucos meses de completar três anos de sua desencarnação, ela manifestou o desejo de escrever por intermédio de um de seus netos, para relatar o que acontecera com ela durante esse período em que permanecera em vida espiritual, com o intuito de que ele, o médium, enfeixasse um livro e assim pudesse ajudar muitas pessoas, espíritas ou não.

De formação católica, ela conhecera a Doutrina ainda na juventude, e dedicara-se a ela com humildade e amor, até que oito anos atrás ficara impossibilitada de dedicar-se com o mesmo esmero e regularidade, como vinha fazendo até aquele momento de sua vida.

Por causa de problemas de saúde, afastara-se das atividades e concomitantemente das casas espíritas, mas não da doutrina consoladora, pois o que vibrava dentro de si não era "formalidade" doutrinária, e sim a vivência cristã de tudo que aprendera desde o Catolicismo até o encontro com o Espiritismo.

Quando ainda em vida carnal era orientada por dois espíritos amigos, que se lhe mostravam por meio da vidência, outrora falando aos seus ouvidos, orientando-a em seus passos no exercício da mediunidade, em cujo amor pela causa que abraçara não media esforços.

Alguns anos mais tarde, depois de seu retorno ao Mundo Invisível, ela tivera a permissão para o ditado mediúnico, ora em apreço, que se iniciou assim, com as seguintes palavras:

Uma Excursão

O astro rei, como todos os dias, despontava no firmamento, refletindo caudalosamente seus raios, que cruzavam a imensidão do Cosmos até atingir a atmosfera da Terra, eliminando com seu calor as energias malsãs que pairam sobre o planeta, e também ao derredor da colônia que se localiza em posição astralina, sobre o centro-sul do país, colônia que nos acolheu tão amorosa e agradavelmente. Sim, porque nos setores dela residem espíritos que ainda não despertaram para o raciocínio mais claro, na faixa do entendimento e compreensão de sua nova situação, cuja terapêutica se dá nos departamentos de psiquiatria da mesma.

Fora avisada na noite anterior de que seria requisitada para a reunião daquela manhã, pois seguiríamos em tarefa no Plano Físico.

Na companhia de Santiago e Salomão voltaria à terra onde outros companheiros na área da psiquiatria poderiam estudar com maior equidade os problemas relacionados aos transtornos perturbadores de irmãos que ainda se encontram na vestimenta humana.

Cinco novos companheiros seguiriam conosco. Somávamos, portanto, oito excursionistas, todos interessados em aprender, observar e anotar as facetas da obsessão, da loucura e da autoperturbação, cujo estudo nos ajudaria a melhor compreender seus mais intrincados problemas.

— Dona Eleonora — disse Santiago —, faremos uma excursão no palco terrestre onde nossos companheiros poderão melhor observar os múltiplos problemas que assolam a mente encarnada, dessa vez sob a óptica espiritual, pois se encontram em nosso Plano e em breve estarão autorizados ao serviço em prol do semelhante com maior segurança. Convém, por ora, ajuizarem-se das cousas espirituais; muito embora não estivessem diretamente ligados a nenhuma religião, eles souberam servir com amor e desinteresse nossos irmãos em humanidade, dentro da faixa de entendimento que lhes é própria.

Isso me informou o nobre espírito amigo, fazendo logo em seguida as apresentações:

— Estes são nossos novos companheiros: dr. Félix, exímio psiquiatra com 40 anos de serviços prestados à causa do bem, com dedicação fraterna ao próximo nos sanatórios do mundo.

Santiago fez breve intervalo, dirigindo-se logo em seguida à frente de um novo companheiro, que em realidade se tratava de alguém do sexo feminino.

— Esta é nossa irmã Clara Nogueira, jovem analista que deixou a vida carnal quando ainda contava com apenas cinco anos de carreira. Mostra-se interessada e apta para estudar conosco os problemas que afligem a mente humana, que não podem ser detectados apenas sob a óptica dos estudos acadêmicos, não desmerecendo, todavia, a importância dos mesmos para os que nele atuam e por ele são beneficiados.

Cumprimentei-a com um abraço caloroso, assim como fizera como os demais, dando-lhes as boas-vindas.

— Este é nosso irmão Pedro, com formação acadêmica na área da Psicologia. Deixou a existência por meio de um de seus pacientes com graves transtornos psíquicos. E, agora que se encontra melhor ante a expulsão violenta do corpo, está sendo convocado a estudar novos fatos na área em que atuava de forma mais abrangente. Os dez anos que se passaram de sua desencarnação prematura têm sido bem aproveitados por ele, pois se recuperou em tempo satisfatório e está aqui para aprender e colaborar, quando assim a ocasião o exigir e estiver em condições melhores para tal comprometimento.

 Depois de cumprimentá-lo, fixei meu olhar em seus olhos e não foi preciso indagar a Santiago ou a Salomão de que forma Pedro havia sido expulso da existência física, pois intuitivamente eu percebera a maneira como o fato se deu.

 Santiago então prosseguiu, finalizando as apresentações:

 – Estas são Valéria e Cínara, assistentes dedicadas de uma instituição respeitável, mas deixaram a carreira, a família e os pacientes, enfim, a encarnação atual em um acidente de carro, quando retornavam de um congresso na cidade do Rio de Janeiro – fez breve pausa, prosseguindo logo em seguida. – Como já havia mencionado, todos eles permanecerão conosco e você, Eleonora, terá a oportunidade de anotar o que irá ver, ficando, portanto, a seu critério fazer como lhe aprouver com suas anotações. O que naturalmente poderá servir de estudo e novas experiências para todos, transcrevendo, se preferir, para que outros possam absorver alguma instrução de seus relatos.

 Os cinco companheiros permaneceram em silêncio, ouvindo as instruções do nobre amigo, e então quebrei a quietude daquele momento e perguntei:

 – E quando partiremos?

 Santiago olhou para Salomão e este, tomando a palavra, respondeu à minha indagação:

 – Já está tudo preparado. Amanhã seguiremos para baixo da atmosfera da Terra, ou seja, nossa descida será vibratória para que possamos fazer nossos estudos.

 – Alguma recomendação especial? – tornei.

 – Sim – respondeu Santiago. – Equilíbrio e firmeza!

 Assenti respeitosamente, balançando a cabeça em um gesto de positivo, e depois olhei novamente para os companheiros, abrindo os braços logo em seguida, dizendo-lhes:

 – Que bom que nossa família aumentou!

 Todos sorriram discretamente, mas naquele momento nenhum dos cinco proferiu qualquer palavra além de um agradecimento.

Ao término daquela reunião, Salomão os acompanhou para fora do recinto e Santiago, dirigindo-me a palavra novamente, adiantou-se:

— Vejo que está feliz pela presença de nossos amigos ligados à nossa área de estudos. Entretanto, percebo também que algo a intriga. O que é?

Perceptivo como ele demonstrava ser, estava com a razão, algo me intrigava, mas não era nada relacionado aos nossos novos amigos. Eu estava receosa com as coisas que viria a presenciar naquela excursão, pois, mesmo quando entrava em desdobramento consciente, quando ainda estava encarnada, eu me defrontara com situações de relevo: algumas me embeveciam, outras nem tanto, e em contrapartida muitas outras me chocavam.

Algo me dizia que agora eu estava mais preparada para enxergar o outro lado das perturbações espirituais; no entanto, meu receio era o de sofrer com o sofrimento alheio.

— Se estamos lhe proporcionando momentos para novas experiências, suas atividades nesse sentido servirão para que possa avançar no terreno no qual se predispôs a laborar – incentivou-me Santiago, pousando as mãos sobre meu ombro. – Além do mais, haverá ocasiões em que ficaremos juntos, isto é, só nós dois, por isso prepare-se, dona Eleonora! Onde está seu tato e senso psicológico?

— Não os decepcionarei, Santiago. Agora me encontro mais segura e confiante, embora a dor do próximo passe a ser em alguns casos minha dor.

— Que ótimo! Sinal de que você está vibrando na faixa do amor. Isso é muito bom!!!

Atravessamos a densa atmosfera de vibrações que se mantém erigida pouco acima da Terra. As energias eram totalmente diferentes; sentíamos como se estivéssemos sofrendo um choque térmico, pois trocávamos de plano vibracional e consequentemente a atmosfera psíquica tanto de um como de outro não poderiam ser idênticas porque as vibrações se diferenciam também.

Era manhã de sábado.

Uma Excursão

  O clima festivo embalado pela festa do momo dava prosseguimento por quase todo o país, motivo de festa inocente para alguns, e de fantasia e frenesi para outros envolvidos pela euforia, pelo clima que a muitos outros embriagava por causa de seus excessos, despautérios e alucinações as quais denominavam de alegria. Extravasavam em risos, exaltados que se achavam com os dias de festividades pagãs...
  Longe de mim criticar ou jogar água fria na alegria alheia, mas nem todos que ali se encontravam tinham o fito de festejar realmente ou o intuito de espairecer, simplesmente. Não. Não era essa a intenção da grande maioria.
  – Agora entendo por que nossa entrada na atmosfera reinante sobre a cidade foi um tanto quanto nauseante – observei olhando para Santiago.
  – Por essa razão viemos com a chegada dos raios do Sol – respondeu ele –, pois à noite se tornaria mais penoso; os obstáculos psíquicos poderiam interferir no psiquismo de nossos companheiros que ainda não estão acostumados a enfrentar tais "choques" vibratórios.
  – E os raios solares podem ajudar a minorar tal estado psíquico na atmosfera? – perguntou Clara Nogueira.
  – Podem e muito – tornou Santiago. – Podem ajudar a eliminar as energias deletérias que pairam sobre a atmosfera da cidade, do país, colocando barreira às emanações espirituais inferiores. Se os raios solares interferem na transmissão das ondas de rádio, também nos auxiliam, interferindo nas ondas vibracionais densas do mundo invisível. Abaixo da atmosfera da Terra, forma-se outra criada pelos pensamentos, sentimentos dos encarnados também, e, dependendo da ocasião, essa camada atmosférica psíquica torna-se mais espessa, pois existem os desencarnados – muitos deles em total desequilíbrio – compartilhando das anomalias morais de seus parceiros encarnados, em sintonia e simbiose nos excessos do vício de todos os tipos, gêneros e graus.
  – E por que razão nós não nos deparamos com nenhum desses Espíritos que para cá vieram para festejar também? – indagou, novamente, Clara.

– Passamos por alguns deles, um pequeno grupo. Mas vocês não puderam vê-los, muito menos eles a nós – respondeu Santiago. – Não se preocupem. Vocês irão vê-los, ainda não é o momento.
– E por que não os vimos? – inquiriu o dr. Félix. – São tão terríveis a ponto de nos causar estranheza?
Santiago olhou para o grupo e respondeu a pergunta de Félix:
– Estranheza nem tanto, mas sim espanto!
Todos nos entreolhamos como se um misto de curiosidade e pavor estivesse a mexer com nossa imaginação.
O nobre Instrutor nos convidou a seguir em frente e com bom humor se dirigiu a mim, dizendo:
– Você não está com medo, não é mesmo, Eleonora? Se estiver, será melhor perdê-lo; além do mais, entre os cinco amigos, você já presenciou diversas situações desde que passou para nosso plano. Já tem alguma experiência, portanto, não vá se assustar!
– Obrigada, Santiago. No entanto, em matéria de espiritualidade, ainda me sinto uma neófita. Tenho muito a aprender!
– Todos nós ainda carecemos de muito aprender, Eleonora – observou Salomão.
Nós nos dirigimos até a praia para respirar um pouco sob a brisa do mar, naquela manhã que estava apenas se iniciando.
Depois de seguirmos um pouco adiante, deparamo-nos com um casal que saía de dentro de um carro estacionado à beira da calçada, e não foi difícil perceber que despertavam do sono naquele exato momento.
A moça saiu correndo em direção ao mar, com uma das mãos sobre o estômago, e rapidamente abriu um pequeno buraco na areia deixando dentro dele os dejetos estomacais, resultado da noite anterior em que passou na folia, cometendo todo tipo de excesso, tudo em nome da "alegria".
Santiago parou à nossa frente e, olhando-me nos olhos, disse:
– Eis nosso caso!
Olhei para ele sem nada compreender e ele, esboçando um leve sorriso, olhou-me fixamente e com um gesto à romana indicou o rapaz que se mantinha sentado no banco do automóvel, com o

corpo virado para fora, apoiando a cabeça entre as mãos, e então completou:
— Estudemos o caso!
— Como assim? – perguntei.
— Iremos acompanhá-los – tornou Santiago. – Vamos ver no que podemos ajudar.
— Deixaremos vocês aqui – observou Salomão. – Os demais companheiros e eu nos deteremos em outros casos. Quanto a vocês, Eleonora e Santiago, permanecerão com nossos irmãos à sua frente. Tornaremos a nos reunir assim que a necessidade exigir.

Olhei para todos e anuí:
— Que Jesus nos abençoe em nossa tarefa!
— Isso mesmo! – tornou o mentor. – Que o Cristo nos ampare e abençoe não somente a nós, mas igualmente a todos os nossos irmãos em humanidade. Elevemos nosso pensamento em prece e prossigamos sem demora em nosso labor de simples e humildes servidores na causa do bem comum.

Despedimo-nos.

Ali na praia, Santiago e eu permanecemos observando os transeuntes da via pública enquanto o casal procurava se recompor, banhando-se agora nas águas do mar.

Deixamos nossos companheiros Cínara e Valéria, Pedro, Clara Nogueira e Félix em companhia de Salomão. Em breve nos encontraríamos novamente.

— De quem se trata? – indaguei, observando o jovem casal que agora brincava nas ondas.

Ele, demonstrando já conhecê-los, respondeu:
— Lúcio e Flora.
— E por que iremos acompanhá-los? Por que disse ser este nosso caso em estudo?
— Psiquiatras, psicólogos, médicos e advogados em geral cuidam de casos, e este é um dos quais tentaremos não exatamente resolver, mas cuidar para que assim eles possam resolvê-lo por esforço próprio.
— Eles quem?

— Nossos personagens: Lúcio e Flora, entre outros que você irá conhecer. Vamos, mais tarde tornaremos a vê-los.
— Desculpe-me a indiscrição, mas iremos a um baile de carnaval? — perguntei em tom de gracejo.
— Por que me pergunta isso, Eleonora?
— É simples; eles passaram a noite toda na farra e não acho que vão parar por aí. Com certeza darão continuidade logo mais à noite.

Santiago sorriu, envolveu o braço sobre meu ombro, meneando a cabeça e dizendo:
— Vamos, Eleonora. Muito embora você possa estar certa quanto a isso, mesmo assim sua imaginação é muito fértil.
— Eu sei! Por isso que você e seu irmão Salomão se ligaram a mim.

Ele sorriu. Santiago e Salomão não envelheceram como eu, mas eles conservavam ainda a jovialidade na aparência e na maneira de ser. Contudo, em consequência dos longos anos trabalhando na Terra, sempre me auxiliando, eles também passaram pelo processo de envelhecimento graças às emanações humanas do planeta, mas em mim o peso dos anos vividos era visível.

O Encontro

A quarta-feira, popularmente denominada de "cinzas", havia chegado.

Oficialmente a festa do momo se encerrara no dia anterior, embora em outras localidades ela continuasse por mais alguns dias.

Psiquicamente a atmosfera ainda permanecia um tanto carregada de fluidos que causam mal-estar não somente nos desencarnados, mas igualmente nas pessoas mais sensíveis a tais influências, muito embora grande parte desconheça o que seja realmente a mediunidade; por isso, muitos encarnados se ressentem da influência do meio, ou seja, estão sujeitos aos influxos de toda natureza, principalmente aos de baixo padrão.

As questões energéticas agora vêm sendo muito estudadas e divulgadas entre todos, não são somente os fluidos densos, pesados, emitidos pelas entidades de vibrações inferiores que fazem com que o ambiente e as pessoas sintam sua influência. Igualmente as energias de encarnados para encarnados também influenciam sobremaneira no cotidiano da massa humana, que tem despertado cada vez mais para as questões espirituais nas últimas décadas.

Isso, no entanto, não se restringe unicamente a essa época do ano, pois acontece todos os dias, uma vez que a sensibilidade, o *sexto sentido*, nas pessoas funciona de forma interrupta, cabendo a cada um vigiar e orar porque, no mundo dos vivos, os "mortos", que são os espíritos desencarnados, continuam vivendo, e muitos deles estão entre os encarnados.

Felizmente no início daquela tarde começou a chover. Como um bálsamo, a água que caía das nuvens ajudava a limpar o ar, a psicosfera que até então permanecera infestada de energias deletérias, inferiores mesmo, deixadas pelas entidades que baixaram vibracionalmente à Terra e também pelas pessoas que vibravam na mesma faixa que elas.

Se as entidades sombrias se achegam até o orbe terreno, é porque existe conivência dos que nele vivem, isto é, os encarnados as atraem, porque sabem que encontram pasto para suas atividades seja na área da sensualidade, do vício, do crime, enfim...

Vejamos um exemplo: as pessoas só vão a determinado lugar quando são convidadas ou porque lá existe algo que seja do interesse delas; os espíritos errantes ou vinculados ao mal também agem da mesma forma. Um ímã só atrai o metal que corresponda ao seu magnetismo; ele não segura um metal antagônico à sua força magnética. Meditemos, pois!

Naquela manhã de quarta-feira fomos ao encontro de Lúcio e Flora. Embora fosse a manhã após o último dia de festas de carnaval, ele já se encontrava em seu consultório revendo relatórios redigidos por ele mesmo sobre os pacientes de que estava tratando, e, além do mais, tinha um novo paciente com hora marcada.

De óculos escuros e com aparência que denotava ser ele o paciente e não propriamente o médico psiquiatra, ele se assentou atrás de sua mesa, no consultório.

Com a mente ainda turvada por causa dos dias de festas e bebedeiras, Lúcio custou a se concentrar em seu trabalho. No consultório anexo a um hospital psiquiátrico estavam somente ele e a secretária, que na verdade se ausentara por algumas horas para os devidos serviços externos e voltaria antes do término do expediente, no final daquela tarde.

Santiago e eu permanecemos com ele naquelas horas, enquanto Salomão e os demais nos deixaram a sós, dirigindo-se para outro

local, onde os cinco companheiros tomariam conhecimento sobre a psiquiatria, agora sob a óptica espiritual, área essa da ciência à qual serviram quando estavam encarnados.
  Alguém bateu à porta. Lúcio lentamente se levantou para atender.
  – Boa tarde – cumprimentou o recém-chegado. – Gostaria de falar com o dr. Lúcio Motta. Tenho hora marcada.
  – Boa tarde. Você deve ser Ernesto, eu sou o dr. Lúcio Motta.
  Ernesto apertou-lhe a mão, olhando-o de cima a baixo como se estivesse admirado com o aspecto em que se apresentava o doutor que fora consultar.
  Pensou consigo: "Será que só eu estou precisando de ajuda?".
  – Por favor, entre em minha sala. Vou ter de deixar a porta fechada até que minha secretária retorne. A violência anda à solta e não é bom facilitar. Aceita um café? Água?
  – Não, não, doutor. Muito obrigado.
  Lúcio tirou os óculos, colocando-os sobre o armário atrás de sua cadeira, deixando assim que as olheiras ficassem à mostra.
  Ele ficou olhando-o fixamente por instantes sem nada dizer, teve ímpetos de se levantar e ir embora, mas, como já havia entrado, não quis ser indelicado ou mal-educado com o profissional. Mesmo assim não resistiu e, bem-humorado, perguntou:
  – Então, doutor?
  – Então o quê, Ernesto?
  – Festejou muito nesse carnaval?
  – Ah, desculpe-me. Não repare minha aparência. Acho que me excedi um pouco, além da conta. Hoje é apenas uma pré-consulta, um primeiro encontro, uma entrevista que faremos. Só desejava conhecê-lo pessoalmente antes de passarmos para o tratamento propriamente dito.
  – Eu é que lhe peço desculpas, dr. Lúcio, por minha inconveniência.
  – Tudo bem. Então vamos falar sobre o senhor.

– Pode me chamar de você, doutor. Comigo não precisa de formalidades.

O mais recente paciente de Lúcio aparentava meia-idade, de expressão calma, seguro, porém desconfiado. E, depois de vencidos os primeiros embaraços, ele passou a narrar os problemas que o afligiam.

Lúcio ouvia sem interrompê-lo, deixando-o à vontade em suas exposições. Enquanto isso, ele ia anotando o que ouvia para logo em seguida fazer algumas perguntas. Estudava o comportamento do paciente, e o paciente parecia estar fazendo o mesmo em relação a ele.

Ainda com a calma que lhe era peculiar, Ernesto, a certa altura da entrevista com o psiquiatra, mostrou-se impaciente, algo ali começava a incomodá-lo.

Agora com olhos fixos no paciente, o dr. Lúcio Motta ouvia atento os relatos que ele fazia.

Não era a primeira vez que atendia pessoas com problemas ou esquisitices como as que lhe apresentava. No entanto, o caso daquele senhor despertou-lhe maior atenção.

Até aquele instante parecia que Lúcio havia se identificado com ele, ou seja, estabelecera-se entre ambos uma afinidade, uma simpatia.

O homem de gestos lentos, voz calma e olhar desconfiado parecia ter realmente despertado o senso psiquiátrico de Lúcio.

Quase duas horas de conversa, que foram interrompidas duas vezes por causa do telefone que tocou insistentemente, necessitando de que alguém o atendesse em virtude da ausência de Marta, a secretária.

Depois de muito conversarem, Ernesto lhe perguntou sobre algo que gostaria de saber, e que com outros médicos não conseguiu obter resposta favorável, consoante sua necessidade, ou curiosidade de que tinha a respeito.

– Doutor Lúcio, eu poderia lhe fazer duas perguntas?
– Mas é claro. Esteja à vontade. Estou aqui para ajudá-lo no que estiver ao meu alcance.

– O senhor faz regressão de memória? E, se faz, poderia então fazer com que eu volte ao passado?

Lúcio olhou-o surpreso diante daquela indagação, respondendo com outra:

– O senhor, digo, você, Ernesto, quer saber se faço regressão uterina, antes de seu nascimento? E por que isso?

– Não, doutor. Eu me refiro à regressão de existências anteriores, vidas passadas.

– Por quê? Desculpe-me, eu não acredito nessas coisas! – respondeu o médico taxativo.

– Como não, doutor? O senhor é psiquiatra e os psiquiatras devem estudar sobre o assunto.

– Não me leve a mal. Eu só trato da mente das pessoas e foi para isso que estudei e me formei. Quanto a essa questão espiritual de vidas passadas, eu não acredito. Trabalho com coisas que compreendo e podem ser comprovadas, analisadas e explicadas pela ciência, que envolvem a mente humana: o consciente, o subconsciente e o inconsciente das pessoas.

Ernesto fez expressão de lamento, ao mesmo tempo em que sentia uma ponta de contrariedade em relação à opinião do psiquiatra.

– Você está sentindo alguma coisa, Ernesto? – perguntou Lúcio ao notar que, além do silêncio do paciente, algo parecia não estar bem com ele.

O paciente passou a apresentar sudorese em abundância, embora o ar-condicionado da sala estivesse ligado; então, em poucos segundos caiu da cadeira em que estava, contorcendo-se no chão, e a princípio dava mostras de epilepsia.

– Ernesto... Ernesto! – chamou pelo paciente. – Sossegue, homem! Procure se acalmar.

O psiquiatra permaneceu segurando-o por alguns minutos, procurava desenrolar a língua que pensava estar sufocando-o, dificultando-lhe a respiração.

A língua dele, porém, apresentava estar normal, não enrolara como Lúcio havia suposto, o que lhe causou estranheza.

A princípio ele se assustara com a triste cena, e, tão logo a crise foi cedendo, Lúcio pôde ficar mais tranquilo.

Nesse meio-tempo, Marta chegou e, ao ver aquele homem ali estirado sobre o piso frio do consultório, assustou-se e seu primeiro pensamento foi o de acreditar que ele estaria tendo um infarto.

Não demorou muito e o novo paciente já estava voltando a si. Então aos poucos ele se recompunha.

– O que houve com ele, dr. Lúcio? – indagou a secretária, demonstrando preocupação.

– Não sei. Nós estávamos conversando quando de repente ele ficou estranho e silenciou após me haver feito uma pergunta e, depois que lhe respondi, caiu compulsivamente ao chão, contorcendo-se. Deve sofrer de epilepsia.

– E ele não lhe falou nada sobre esse fato?

– É verdade, Marta, ele não me contou a respeito disso. Falou-me sobre seus problemas, porém, não sobre esse.

Marta trouxe-lhe um copo com água. Ele tomou-o como se há dias não houvesse tomado, tamanha a avidez com que o bebeu.

– Está melhor agora? – perguntou-lhe o médico, desconfiado.

O paciente balançou a cabeça afirmativamente, entregando o copo vazio à secretária que observava a estranheza de seu olhar.

– Ufa!!! Você me deu um tremendo de um susto, homem! – disse Lúcio, agora mais aliviado depois do repentino e inesperado episódio.

– Já me sinto melhor, doutor.

– Então, agora me responda por que não me disse que sofre de epilepsia?

– E por que eu diria? Eu não sou epilético!

– Como assim? E o que acabei de presenciar aqui?

– Por isso venho mudando de médico, dr. Lúcio, pois o tratamento não é barato, e além disso nenhum dos profissionais com quem me tratei se interessou ou foi a fundo no meu caso... Não sofro de epilepsia, porque, enquanto acontece a *crise,* eu vejo, ouço e sinto tudo à minha volta.

Lúcio interrompeu-o, indagando:
– Está me dizendo que tem plena consciência do que acontece?
– Sim, senhor! É isso mesmo.
– E por que não tenta controlar, reagir? O que se passa, afinal?
– Se lhe disser, aí sim o senhor irá me classificar como louco, assim como os outros médicos. Se não acredita em existências anteriores ou posteriores a esta, como poderia lhe dizer o que vejo e ouço?
– Eu ainda não estou entendendo. Poderia ser mais claro?
– Deixa pra lá! O senhor também não poderá me ajudar.
– Espere aí, Ernesto. Vamos conversar mais sobre o assunto, sobre você, em outra ocasião. Eu me interessei por seu caso. É sério, ainda mais agora. Vamos combinar outro dia para cuidarmos de você.

Ele se levantou com olhar taciturno, apenas dizendo que precisava ir embora. Lúcio, por sua vez, insistiu para que aguardasse por mais alguns instantes até que ele estivesse totalmente restabelecido, antes de voltar para casa. Lembrando-o que estava sozinho, sem ninguém para que o acompanhasse de retorno.

Ele, porém, não aceitou, reforçando a pergunta se havia a possibilidade de Lúcio ajudá-lo. Não tinha motivos para que permanecesse sequer um minuto a mais ali, pois, segundo havia dito, não tinha mais tempo a perder.

– Não se trata disso – argumentou o médico, sensibilizado com a situação do novo paciente. – Vamos ver o que pode ser feito. Gostaria que me explicasse melhor sobre o que acabou de me dizer, sobre as coisas que você diz ver e ouvir. Eu nunca soube de alguém que ficasse "lúcido" durante a crise de epilepsia.

– O senhor não está acreditando em mim – tornou algo decepcionado –, nem ao menos deu-me a chance de lhe contar o que realmente sinto nessas horas.

– Calma, Ernesto! Sente-se um instante, acalme os ânimos. Vamos fazer assim, você quer ir embora e eu não estou em condições de trabalhar mesmo hoje. Eu o deixo em sua casa e marcamos para outro dia na semana, a fim de retornarmos ao assunto, ao seu caso. Está certo?

Depois de se tranquilizar um pouco mais, ele condescendeu ante as palavras do jovem psiquiatra, aceitando a carona que o mesmo lhe oferecera.

Lúcio deixou o consultório aos cuidados da secretária, que solícita anotou o endereço e o telefone do novo paciente, dando a ele um cartão do consultório. Se precisasse, em caso de emergência poderia entrar em contato com o médico, anotando no verso o telefone residencial do dr. Lúcio.

– Veio de carro? – perguntou o médico.

– Não, doutor, não é aconselhável. Nunca se sabe quando poderá haver uma crise, não é mesmo?

– É verdade, essas coisas não se podem prever.

Lúcio deixou-o em frente à sua casa, um prédio de classe média alta, onde ele entrou demonstrando visível desalento.

– Nós nos veremos então na próxima terça-feira. Eu ligo para você, Ernesto, caso se "esqueça" de me procurar.

Antes mesmo de fechar o portão de entrada, sorriu com um grande esforço compreendendo o que o dr. Lúcio deixara no ar.

A caminho de sua casa, Lúcio pensava a respeito do que acontecera. Jamais havia presenciado algum acontecimento dessa natureza, porém, o que mais o deixou intrigado foi o fato de saber que o então paciente tivera consciência do que havia se passado durante os poucos minutos que perdurou a crise.

Já em sua residência, ele recorreu à sua biblioteca pessoal procurando em alguns livros se havia alguma referência com relação ao novo caso em apreço, mas não encontrou nada semelhante nos compêndios da psiquiatria e psicologia modernas.

Sentindo-se ainda um pouco cansado por causa das noites anteriores que passara em claro, ele se jogou sobre o sofá em frente da televisão e ali adormeceu, acordando apenas quando sua companheira chegou das compras naquela quarta-feira de cinzas.

* * * *

Ernesto, na companhia da esposa, derretia-se em lamúrias e choro, desesperado tal como uma criança que não consegue livrar-se de uma dor que a incomoda diariamente.

Odete, a esposa, como sempre fazia, procurava acalmá-lo e ele já não tinha mais esperança de conseguir encontrar uma resposta sensata para a solução do problema que há dois anos e meio o vinha afligindo.

– Por que você perguntou ao médico se ele fazia regressão? Em que isso poderá ajudá-lo? – questionava-o Odete. – Esse tipo de terapia só faz quem acredita em reencarnação ou aqueles que fazem regredir a consciência até o útero da mãe.

– Então, Odete, eu acredito, não sei por quê, mas acredito. Talvez consiga encontrar a causa de tudo isso e pôr um fim a esse tormento.

– Não estou falando de você, Ernesto. Eu me refiro aos médicos. Só quem pesquisa e acredita, é claro, fará esse tipo de terapia que você tanto quer. Você cismou com isso!

– É, talvez seja cisma mesmo – respondeu ele, pensativo.

– Minha irmã – continuou Odete, acariciando seus cabelos – disse que você está batendo em porta errada, e que deveria procurar um médium ou qualquer coisa do gênero para pedir ajuda. Essas pessoas que você vê durante a crise, segundo ela, são almas do outro mundo, espíritos.

– Pois é isso que tento dizer aos médicos, mas eles não me dão chance; aí sim, irão achar que meu caso é grave mesmo, de transtorno ou perturbação psíquica, de alucinação, seja lá como classificam tais coisas sobre as quais não conseguem explicar além das teses acadêmicas.

– Eu não sei. Acho de deveria seguir o conselho da minha irmã, ela já foi a alguns desses lugares onde recebem espíritos, em uma Tenda Espiritualista ou Umbandista séria, quem sabe em um Centro Espírita. Ela deve saber o que diz, não é mesmo?

– E qual a diferença, Odete? Não é tudo a mesma coisa?

– Segundo me disse, os trabalhos são diferentes, mas ambos vertem para o mesmo objetivo: Deus, a caridade e o equilíbrio das pessoas que lá vão em busca de ajuda e conforto espiritual.

Odete, ao falar sobre o assunto, sentiu um arrepio percorrer seu corpo, porém nada disse ao esposo. Apenas beijou-o na fronte, encostando sua cabeça de encontro ao peito e naquele momento puderam desfrutar de um momento de paz.

Fascínio da Paixão

Flora demorou a chegar em casa com as compras. Ela ficou presa no trânsito que a deixou estressada, pois pretendia chegar logo e descansar. Tal como Lúcio, ela estava exausta; as noites de folia pareciam haver sugado suas energias, o corpo estava cansado, parecia estar carregando um enorme peso nas costas, que a deixava toda dolorida; e as dores de cabeça, de intermitentes, passaram a ser constantes e prolongadas.

Ambiciosa e amante da vida noturna, ela adorava frequentar festas badaladas, nas quais era difícil encontrá-la vestindo uma roupa que já tivesse sido usada em outras ocasiões. Bonita, simpática e de boa conversa, cativava a todos com seu sorriso e jeito alegre de ser.

Mesmo com as qualidades de que era portadora, assim como todos os indivíduos, ela tinha também seus defeitos. Seu temperamento forte, às vezes, contrastava com sua aparência de boa moça. Entretanto, por trás de seus encantos havia uma mulher de personalidade, objetiva e decidida.

Mais uma vez a fila de carros parou e ao lado do carro de Flora também parou um motoqueiro, que, embora não a tivesse visto, lhe chamou a atenção. Era o tipo de homem que a agradava.

Como ela e Lúcio não haviam se casado de papel passado, oficialmente, Flora sentia-se no direito de ter mais liberdade. Um contrato de casamento repugnava-a; seria como se ela estivesse usando algemas. Esse era seu pensamento com relação ao casamento.

Os carros começaram a se movimentar novamente e o rapaz da moto, antes de seguir em frente, notou que ela o observava; mesmo tentando disfarçar o olhar, ela cedeu à tentação de olhá-lo mais demoradamente nos olhos, abrindo um leve e sedutor sorriso, quando ele fez sinal para passar à sua frente para trafegar do lado direito da pista.

O fluxo de veículos começou a fluir mais facilmente, mas a paquera não havia terminado ali. Logo mais adiante, em um minuto de desatenção, quando as forças do corpo pareciam se exaurir, Flora bateu na traseira da moto derrubando então o motoqueiro, que perdeu o controle da mesma e caiu à beira do calçadão.

Assustada, ela desceu do carro indagando ao rapaz se ele havia se machucado e desculpando-se logo em seguida pelo choque inesperado.

Felizmente com ele nada aconteceu, pelo menos fisicamente. No entanto, no íntimo, quando os olhares se cruzaram, agora mais próximos um ao outro, o rapaz sentiu algo que instantaneamente mexeu com ele.

–Tem certeza de que não se machucou, de que está tudo bem? – perguntou ela, aflita, sem no entanto se desesperar.

Ele sorriu, respondendo-lhe educadamente que não precisava se preocupar, que acidentes aconteciam...

– Nossa! Se fosse outra pessoa já teria me esculhambado – tornou ela, trêmula. – Ainda mais por eu ser mulher, sabe como é: "mulher no volante só pode dar nisso", não é isso que os homens costumam dizer?

– Alguns devem até dizer isso mesmo, mas não é meu caso. Você me parece muito mais nervosa e assustada do que eu que fui a vítima.

– Não é para menos, do jeito como caiu pensei ter sofrido alguma fratura grave.

– Está tudo bem. Não são todos os dias que se tem o "privilégio" de ser atropelado por uma mulher bonita assim como você.

Flora ficou desconcertada, ao mesmo tempo em que se sentiu lisonjeada com o flerte de Júlio.

Ele levantou a moto e a estacionou à beira da calçada, perguntando à Flora se ela desejaria tomar algo para se acalmar, uma vez que ainda tremia.

À princípio ela relutou um pouco, mas acabou aceitando o convite. Precisaria se acalmar, do contrário não poderia dirigir nas condições em que estava.

Ambos se sentaram à mesa de um quiosque entre Ipanema e o Leblon onde ela pediu água de coco bem gelada, no que ele a acompanhou.

– Quebrou alguma coisa em sua moto, moço?

Ele sorriu, olhando-a de cima a baixo, como se estivesse reencontrando uma joia preciosa que há muito tempo havia perdido...

– Não se preocupe com isso, a moto e eu estamos bem.

– Eu que bati atrás. Pelas leis de trânsito, estou errada, o que tiver de pagar, eu pagarei. Foi por uma fração de segundos que eu me distraí. Felizmente você caiu do lado de fora da pista. Do contrário, poderia ter sido uma tragédia.

– Qual seu nome? – perguntou ele, encantado com sua beleza.

– Flora! – respondeu.

– Prazer, Flora. Eu sou Júlio.

Ambos apertaram a mão um do outro em um cumprimento respeitoso, porém insinuante. Segurou sua mão por alguns instantes e ela levemente retirou, indagando se ele sempre costumava usar aquela via como caminho.

A conversa se alongou apenas por meia hora, tempo suficiente para que ela gostasse dos galanteios e dos olhares que Júlio lhe endereçava.

Olhou para o relógio dizendo que precisava ir embora, procurou pela bolsa com o intuito de pagar a despesa. Mas tão logo se deu conta que deixara a bolsa no carro, pediu licença e saiu para buscá-la; ele então a segurou levemente pela mão, dizendo que a despesa ficaria por sua conta.

– Imagine! Eu bato com o carro em você, derrubo-o e você ainda quer pagar a água de coco que bebemos?
– Se isso lhe faz sentir melhor, menos culpada, então fique à vontade, embora eu ache que não há necessidade disso.
Ela foi até o carro, apanhou a bolsa com a carteira e pagou a conta.
– Bom, eu preciso ir agora. Desculpe-me pelo incidente, Júlio.
Flora despediu-se e, depois de dar dois passos em direção ao carro, parou e virou-se para ele, abriu a bolsa e entregou-lhe um cartão argumentando que, caso constatasse que algo houvesse se quebrado em sua moto ou se viesse sentir algum problema no corpo, por causa da queda, poderia procurá-la por meio daquele número de telefone. Ele por sua vez também anotara seu telefone e entregara a ela, dizendo:
– E se não houver nada comigo nem com a moto, posso ligar mesmo assim?
– Eu sou casada! – respondeu ela.
– Não vejo aliança em seu dedo – argumentou ele.
– E daí? Eu tenho alguém com quem moro. Quanto à aliança, eu a perdi em uma das noites de carnaval. Sabe como é, estava um pouco larga.
– Seu marido também perdeu a dele? – perguntou irônico.
– Não, ele não!
Depois disso, ela entrou no carro e deu partida. Júlio se aproximou e, debruçado na janela do carona, disse-lhe:
– Você é muito bonita, acho que o destino me pregou uma peça. É como se eu já a conhecesse de algum lugar.
– Invente outra – respondeu ela, sorrindo. – Você me pareceu tão original, não é preciso repetir esse jargão masculino.
– Pois é, e outra vez não serei original, por isso eu vou lhe perguntar: posso ligar para você, Flora?
– Ligar?... Pode!...
Ao responder, saiu com o carro em direção ao Leblon.
Flora chegou em casa toda animada, mas, para não levantar suspeitas de seu flerte com um estranho, fez melodrama para o marido, que estava preocupado com sua demora.

– Ainda bem que você chegou. Estava preocupado com você!
– Ah, querido. Você nem imagina o que me aconteceu.
– O que houve? Por que demorou? – perguntou, demonstrando visível preocupação.
– O trânsito estava terrível e, para complicar ainda mais, eu bati na traseira de uma moto. Foi preciso parar literalmente para socorrer o rapaz.
– Mas e aí, ele se machucou? E você se feriu?
– Não, eu não! Felizmente, nem ele. Só tive de parar e me certificar se ele estava precisando de ajuda. Eu fiquei com muito medo, isso nunca havia me acontecido antes.
– Então está tudo bem? E a moto do rapaz, teve grandes danos?

Flora, antes de responder, pensou por alguns instantes, arquitetando o que iria dizer, pois gostou da sugestão de Júlio ao dizer-lhe que gostaria de encontrá-la de novo.

– Teve um prejuízo razoável – respondeu ela, com cinismo –, embora ele nada tenha sofrido. Deixei o número do telefone com ele para me passar o valor do orçamento das despesas que terá com os reparos que precisará fazer na moto. Afinal, eu que bati atrás, terei de arcar com as responsabilidades. Ainda bem que ele não chamou o Trânsito, pois eu esqueci os documentos e a habilitação em casa.

Essa era uma inverdade. Flora jamais esquecia os documentos do carro ou a carteira de motorista, pois em se tratando disso ela era muito responsável.

– Está mais calma agora, querida?
– Oh, sim, querido. Eu já me sinto bem melhor. Foi só um susto. Vou tomar um banho e depois prepararei alguma coisa para comermos.
– Desculpe-me, Flora, eu preciso sair agora. Eu como alguma coisa por aí, na rua. Tenho um compromisso de trabalho.
– Você irá voltar logo, não é mesmo? – perguntou fazendo um ar triste, mas tencionava ligar para Júlio, ainda naquele dia mesmo.

– Não sei, talvez demore um pouco. Tão logo fique livre, volto correndo para você.

Abraçou-a, beijando-lhe na face, ao que ela correspondeu, meio traiçoeira. Ele a deixou sozinha com seus pensamentos e desejos mais secretos...

Ela teve ímpetos de ligar para o rapaz, no entanto se conteve. Esperaria alguns dias ou deixaria que ele a procurasse primeiro. A vontade era grande, porém não queria dar muita bandeira, iria se fazer de difícil e, portanto, convinha esperar.

Lúcio havia marcado um encontro com o dr. Vasconcelos, exímio e conceituado psiquiatra, que atendia em um dos hospitais da área, para falar a respeito do caso de seu paciente Ernesto, que deveras o intrigava.

O dr. Vasconcelos foi o profissional que instruíra o jovem médio desde a época da faculdade. Fora isso, o relacionamento entre os dois era de boa e estruturada amizade, portanto Lúcio tinha total liberdade para conversar sem rodeios com o amigo e colega de profissão.

Ao adentrar a portaria do hospital, Lúcio sentiu-se mal, uma terrível e repentina dor de cabeça lhe invadiu, seguida de uma forte tontura que por alguns instantes lhe obscurecera a visão indicando que ia ter um desmaio.

Mas o fato não se deu, pois se apoiara no balcão da recepção e foi inquirido pela recepcionista de plantão sobre o que estava acontecendo com ele. Ela deu a volta e o segurou, ajudando-o a se sentar no sofá de espera trouxe-lhe um copo com água fria, o que parece ter ajudado a recuperar a tonalidade natural de sua pele, uma vez que a tez se mostrava lívida, ante o mal súbito que o acometera naquele momento.

– O que foi isso? – perguntou a si mesmo. – Eu estava tão bem quando saí de casa.

– Pode ter sido queda de pressão, dr. Lúcio – disse a recepcionista. – Venha, irei ajudá-lo a ir até a sala do dr. Vasconcelos.

– Obrigado, Ana, mas não será preciso. Eu já estou melhor.

– Este não é um sintoma de labirintite, doutor? – tornou ela, atenciosa.

– É, pode ser, Ana. Isso nunca me aconteceu! – respondeu ele.

Antes de se levantar, Ana pediu a uma das enfermeiras que estava por perto para que medisse a pressão arterial dele. Nada, porém, demonstrava alteração acentuada; estava um pouco baixa, é verdade, entretanto nada que justificasse aquele mal-estar.

O que então poderia ter acontecido ao jovem médico psiquiatra?

Ele se dirigiu até a sala do amigo, o qual manteve conversa por uma hora, procurando entender o que estava se passando com o novo paciente que o procurara na quarta-feira depois do carnaval.

O dr. Vasconcelos ouviu-o atento:

– Em todos estes anos de psiquiatria, já vi muitas coisas, porém jamais um caso semelhante a este – ressaltou o médico.

– Acredito que nem Pinel, conhecido como o pai da Psiquiatria, saberia explicar tal acontecimento.

– Eu já pesquisei em alguns livros e nada encontrei – concordou Lúcio. – Se para o senhor o caso é novo, imagine para mim!!!

– Depois que estiver fazendo consultas regulares com o paciente, você poderá se aprofundar mais nessa questão, a de que ele sofre ataques epiléticos e ao mesmo tempo fica consciente a ponto de ver e ouvir o que se passa à sua volta.

– É claro, amigo, o caso é deveras intrigante! – tornou Lúcio, desconfiado.

– Eu preciso ir ver como estão alguns de nossos pacientes. Quer vir comigo, Lúcio?

– Claro que sim! Afinal ao seu lado o aprendizado é constante.

Os dois médicos seguiram ala adentro, mas não estavam totalmente sozinhos... Lúcio por sua vez caminhava com certa inquietação. Algo não estava bem com ele, envolvido que se encontrava com uma entidade espiritual, que o acompanhara desde o primeiro baile de carnaval.

As emanações do ambiente, em razão do sofrimento de mentes desajustadas, somavam-se às energias negativas sob as quais o jovem psiquiatra estava imantado.

O hospital oficialmente não permitia nenhum tipo de assistência ou visita religiosa. Era uma ordem da direção-geral da instituição, pois muitos outros que ali chegaram no intuito de querer ajudar os pacientes acabaram tumultuando o local, porque queriam a todo custo "expulsar os demônios" que, segundo eles, seriam os responsáveis pela alienação mental de alguns e atitudes para lá de estranhas de outros.

De certa forma eles tinham razão. Muitos que se encontram internados em sanatórios e hospitais psiquiátricos estão realmente sob o assédio dos espíritos, mas não de demônios. Ou seja, os tidos como loucos têm na verdade médios ou graves problemas espirituais. A mediunidade ainda é um "tabu", desconhecida de muitos, e quando por meio dela se faz algum prodígio, como a cura de um doente por intermédio de médiuns inconscientes dessa faculdade, atribuem-no à obra do Espírito Santo.

Por outro lado, quando portadores de mediunidade apresentam problemas tidos como mentais, e em alguns casos é assim, atribuem isso à interferência do Demônio, que na verdade são espíritos obsessores ou espíritos tão doentes quanto o próprio interno em tratamento.

Ainda assim, um bondoso sacerdote sempre fazia visitas quinzenais à instituição, sem fazer alarde. Não era propriamente uma visita religiosa, mas sim uma visita de um homem de bem que só desejava o bem de seus semelhantes, em particular os internos daquele hospital.

Ele tinha livre acesso, conhecia os diretores, era amigo dos funcionários que lá exerciam suas funções, portanto transitava livremente, sem com isso interferir no tratamento médico ministrado aos pacientes.

O que muitos não sabiam é que o sacerdote humilde e amoroso tinha um "dom especial", que ele a rigor guardava só para si, isto é, não o divulgando aos colegas, usando-o, como era de se esperar, no auxílio às pessoas que ali permaneciam por algum tempo de sua existência ou toda ela.

O padre Bento não apenas podia ver, mas também ouvir o que a maioria das pessoas não consegue ver e ouvir, ou seja, os espíritos que deixaram a vida física e estão sofrendo na forma que se encontram, como espíritos sem o corpo, sem, entretanto, deixarem este plano para seguir em direção às claridades sublimes da Vida Maior, e que ainda tateiam no escuro, desencontrados que se acham das verdades imortais da vida que prossegue sem fim!

Quando Lúcio e o dr. Vasconcelos caminhavam pelo corredor de um das alas, o médico psiquiatra fora avisado pelo sistema de voz que estava sendo requisitado em outra ala do hospital.

Deixou Lúcio sozinho por alguns instantes, que ficou observando os pacientes na área de isolamento, quando deu de encontro com o padre Bento que em um canto atendia a um dos internos. Com a mão direita pousada sobre a cabeça do paciente, ele punha-se a rezar baixinho.

Em poucos instantes o interno daquela ala, de agitado que estava, passou a demonstrar um pouco mais de calma, como se um torpor houvesse tomado conta dele, deixando-o quase sem reação.

O Benfeitor Santiago fez sinal para eu me aproximar, e pude observar que a aura do interno com tonalidades desarmônicas e escuras passou a ter uma definição mais clara com a dispersão dos fluidos que irradiavam, não só de seu plexo solar, bem como de seu chacra frontal.

– O padre conhece a técnica do passe? – perguntei.

– Não exatamente a técnica, mas sim o sentimento do amor ao semelhante, da humildade e assistência espiritual de que se faz merecedor – respondeu Santiago, observando Lúcio que se aproximava. – O religioso, padre Bento, como é conhecido por todos – tornou Santiago –, faz o que Cristo recomendou aos seus apóstolos: impor as mãos sobre os enfermos. Por meio de sua fé e do amor que dispensa aos nossos semelhantes ainda encarnados, segue a orientação do Divino Amigo, que também disse para curar os enfermos. Possuidor de vidência, o sacerdote é um médium em potencial, vê os espíritos desencarnados e, dentro de seus conhecimentos, vem desenvolvendo significativo trabalho em prol dos pacientes que aqui se encontram, alguns em processo de reajustamento por tropeços de outros tempos. O padre Bento, a seu modo, compadece-se desses esquecidos do mundo lá fora, porém não da assistência de Deus, que delega aos seus servidores a bênção do auxílio aos mais necessitados.

Nesse meio tempo, Lúcio, ainda meio atordoado, aproximou-se, apoiando-se na parede, de vez que seu mal-estar havia voltado.

– Está se sentindo mal, meu filho? – perguntou o padre, apoiando-o logo em seguida.

– Não me sinto muito bem – respondeu o jovem psiquiatra. – Sinto que vou desmaiar a qualquer momento... Pode chamar uma das enfermeiras?

O padre fez com que ele se sentasse em um banco que havia no corredor e, tão logo levou o interno para seu quarto, retornou para ajudar o jovem médico, que ficara com o rosto lívido, tamanho o mal-estar que dele se apoderou, seguido de um resfriamento periférico – o que não deixou Lúcio menos preocupado, imaginando se tratar de um problema grave.

– Calma, meu rapaz! – tentou acalmá-lo o padre Bento. – Tome um pouco de água e logo tudo irá ficar bem. Você é novo por aqui, neste hospital?

– Não, padre. Eu apenas vim conversar com o doutor Vasconcelos, que é meu amigo.

O padre o fitou por alguns instantes, perguntando em seguida:

– Quer dizer que sempre vem aqui?
– Às vezes. Eu sou médico psiquiatra também.
– E isso sempre ocorre com você?
– Não, senhor! Teve início logo que entrei no hospital, embora durante o carnaval eu tenha me sentido um pouco estranho.
– Carnaval!!!
– É, padre! Sabe como é... Eu também sou filho de Deus!

— Com certeza, meu jovem psiquiatra. Mas você não faz ideia do que pode atrair estando nesses lugares...

— Eu sei sim; uma bela de uma ressaca e dor de cabeça – respondeu Lúcio, tentando descontrair.

O religioso, assim como fizera ao interno, colocou a mão sobre a cabeça de Lúcio e não demorou muito para que ele voltasse a se sentir melhor.

O sacerdote o envolveu em fluidos magnéticos que o confortaram, serenando-lhe o campo psíquico, o que se fez notar pela expressão de seu rosto, que mudou quase que completamente, deixando sua aura com uma coloração mais viva. Feito isso, pudemos notar que uma entidade que se mantinha ligada a Lúcio se afastou sem oferecer resistência à prece e à força espiritual do bondoso religioso.

O padre Bento apenas olhou para o espírito que se afastara, dizendo em voz clara:

— Que Deus o abençoe!!!

A entidade saiu corredor afora, maldizendo, sem contudo olhar nos olhos do padre da Igreja romana. Foi apenas o choque magnético de teor elevado rechaçando os fluidos densos da entidade fanfarrona, que se aproveitara da abertura que Lúcio deixara.

— Acho que devo consultar um colega de profissão, fazer uma bateria de exames. Tenho me sentido muito estressado – argumentou Lúcio, após haver se recuperado.

O padre Bento olhou em seus olhos e disse:

— Nem todos os psiquiatras acreditam na existência de Deus. Não sei quanto a você, em que acredita, mas não descuide de sua vida interior, de seu lado espiritual. *"A ciência sem religião é capenga; e a religião sem ciência é cega."* Essas palavras de Albert Einstein expressam o equilíbrio entre uma e outra, para que não se "peque" dando mais valor a um do que a outro aspecto da fé ou da ciência.

Lúcio agradeceu ao padre pela atenção que lhe fora dispensada e dirigiu-se até a recepção, onde pediu para avisar o dr. Vasconcelos que ele já ia embora.

O padre Bento, por sua vez, permaneceu um pouco mais na casa de saúde, fazendo o que mais gostava: ajudar as pessoas, no que estivesse ao seu alcance. Não era por acaso que os párocos gostavam de se benzer com ele ou participar das missas que ele celebrava, pois ele possuía uma energia agradável.

Em torno dele uma claridade incomum, daqueles que sentem pulsar dentro de si o amor ao próximo, se irradiava de sua aura, fazendo com que todos que se achegassem a ele não saíssem de sua presença sem ao menos ter recebido uma réstia de bons fluidos da paz que emanava de seu coração afetuoso e carismático.

Na paróquia pela qual era o responsável não havia quem não o procurasse na esperança de sair de lá confortado, cheio de esperança. E pelo ato de impor as mãos ajudava muitas pessoas, fazendo em alguns casos curas, as quais eram atribuídas pelos paroquianos como obra do Espírito Santo. Porém, o padre Bento sabia que primeiramente tudo era obra de Deus, e estava sendo apenas um instrumento para o Mundo Maior. Conhecia na teoria e na prática sobre as realidades que se abrem do plano Espiritual em direção à Terra, onde a espiritualidade, independentemente de crença, rótulos ou denominações, está constantemente atuando no auxílio à humanidade.

Mediunidade em Desalinho

Acompanhávamos de perto todo o enredo dessa história, que eu, a princípio, não sabia como iria terminar.
O tempo passava e cada vez mais eu observava, aprendendo coisas novas, em outros momentos revendo situações e fatos que já presenciara, mas que sempre vinham seguidos de um ponto novo, em que podia notar o que antes não conseguia; e, assim, minhas anotações iam se avolumando.
Era e é muito prazeroso aprender na companhia de dedicados companheiros como Salomão e Santiago.
No início da semana posterior à visita de Ernesto ao consultório do dr. Lúcio Motta, o paciente o procurou novamente quando este se preparava para contatá-lo, no intuito de fazê-lo vir a seu encontro, dando assim início ao tratamento.
Depois do mal súbito que tivera no hospital psiquiátrico, Lúcio não sentiu mais aquela incômoda sensação; aquele estranho sintoma havia dado uma trégua. Já o mesmo não podia dizer Ernesto, que durante a semana foi acometido de duas crises idênticas à que tivera no consultório.
– Então, caro amigo – perguntou Lúcio –, ainda está com aquela ideia de fazer regressão?
– Eu ainda penso nisso, doutor. Mas em que poderá realmente me ajudar? Acredito que o mais correto neste caso seria partir para um tratamento espiritual mais direto, conforme vem me recomendando minha cunhada.

— Deixe de bobagens, homem! — ironizou Lúcio. — Você precisa é cuidar de sua mente, é ela que está afetada...

— Bem, doutor Lúcio, o senhor será o último médico com quem tentarei, mesmo que não faça regressão. Se não der certo...

— Se não der certo o quê? — interrompeu-o Lúcio.

— Então farei o que achar mais certo e melhor para que eu possa me sentir bem e seguro: bem comigo mesmo e consequentemente com aqueles que estão à minha volta, que sofrem comigo por verem tal como o próprio doutor já presenciou aqui mesmo nesta sala.

— Está bem! Venha, deite-se e relaxe. Vamos começar.

Ernesto se deitou e durante aquela sessão conseguiu relaxar e sentir-se mais leve fisicamente.

Lúcio Motta estava se detendo apenas no psicológico do paciente. A causa dos dissabores do mesmo, no entanto, iam um pouco além, e, para chegar até lá, somente alguém que pudesse enxergar as coisas sob a óptica espiritual. Faz-se necessário tratar do corpo, mas igualmente tratar do espírito.

Por falta de tato e intimidade com as cousas de ordem transcendentes, o médico não tinha o alcance condizente na problemática de muitos de seus pacientes, porque não ia além de seus conhecimentos acadêmicos, preciosos em seus fundamentos; todavia não atingiam o espiritual dos mesmos.

Lúcio procurou deixar Ernesto bem à vontade, o que levou o paciente a falar por quase uma hora e meia sem parar, contando em rápidos lances alguns episódios de sua vida, desde que tinha 10 anos de idade até o presente momento.

O dr. Lúcio Motta ouvia-o interessado, vez e outra se descontraía deixando escapar um sorriso diante da narrativa do mesmo, que tinha alguns momentos engraçados em sua história de vida.

Depois de ouvi-lo, Lúcio lhe perguntou se ele já havia consultado um neurologista ou especialista que pudesse ajudá-lo em relação aos seus "ataques epiléticos".

— Eu não me recordo de ter mencionado ao senhor — disse Ernesto. — Mas já fiz várias tentativas para me livrar desse drama

que surgiu em minha vida, impedindo-me de ter mais segurança e tranquilidade de espírito.
— E você não obteve ao menos algum resultado satisfatório que apaziguasse essas crises?
— Como pôde ver, nada consegui, doutor. Eu não tentei ainda foi a dita regressão nem um Centro Espírita, nem mesmo uma casa afro-brasileira, de resto tudo que possa imaginar minha esposa e eu já procuramos.
— Por que você insiste em falar em regressão ou em coisas relacionadas ao espiritualismo?
— Porque, doutor Lúcio, eu acho que só me falta tentar isso, mas o medo, o receio ou preconceito me impedem, muito embora parentes tenham me incentivado a procurar um tratamento não convencional, alternativo. Quem sabe não seja realmente disso que esteja precisando?
— Acredita mesmo nestas coisas: em espíritos, tratamento espiritual?
— Irei lhe responder com outra pergunta: e o dr. Lúcio, não o profissional, sim a pessoa, acredita em uma força Superior, em Deus?
— Acredito... Muito embora a ciência não tenha comprovado nos laboratórios do mundo a existência desse Ser Supremo, ainda assim eu acredito.
Podíamos ver certa emoção no olhar de Lúcio quando assim falou, mas foi interrompida pelo paciente que ali mesmo, à sua frente, começou a ter uma de suas crises.
Bem diferente das anteriores, aquela parecia mais amena. Lúcio permaneceu imóvel, observando-o, intrigado! Que tipo de epilepsia seria aquela na qual o paciente parecia se transfigurar e de olhos abertos dizia palavras que ele não compreendia?
O gravador estava a postos. Lúcio aproximou-o e durante aqueles breves minutos tudo estava sendo gravado, assim como costumava fazer para análises posteriores.
De repente, Ernesto ainda deitado disse uma frase que Lúcio pôde ouvir muito bem: *Sua mulher... traição...*

E, apanhando a caderneta de anotações que Lúcio colocara sobre a mesinha ao lado de onde ele estava deitado, escreveu com tremenda rapidez algumas palavras.

Ele a princípio se assustou porque a voz já não era a mesma de Ernesto. E como ele naquelas circunstâncias ainda conseguia escrever? Assustado, ajoelhou-se ao lado do paciente sacudindo-o, chamando-o à realidade.

O dr. Lúcio Motta estava assustado.

Já presenciara crises de pessoas com epilepsia, todavia o que acontecia àquele paciente em especial era algo inusitado, muito diferente do que conhecera até então. Ernesto ficou de olhos abertos, esbugalhados, e de vez em quando dizia algumas palavras, frases incompreensíveis. Até onde conhecia a epilepsia, sabia que ela não permitia que a pessoa ao menos balbuciasse, quanto mais falar e abrir os olhos enquanto estava acontecendo, muito menos escrever.

– Ernesto... Ernesto... Você está bem?

O homem, após voltar à normalidade, ainda meio atordoado conseguiu se sentar, dizendo:

– O que houve?

– Você teve uma nova crise... Não se lembra de nada desta vez?

– Não! Não consigo me lembrar de nada.

– Você sempre fala alguma coisa durante a crise. Sua esposa nunca lhe contou a respeito?

– Não, doutor. Do que me recordo são dos rostos de pessoas que vejo. Dessa vez eu não vi nem ouvi nada. Fiz alguma coisa errada?

– Não, não é isso. Apenas mencionou algumas coisas que não compreendi. Depois por fim falou sobre minha esposa e traição, e escreveu isto.

Mostrou o papel a ele:

– O que é isso, doutor! Eu nem conheço sua esposa, como posso ter dito isso! E como posso ter escrito algo. Essas palavras não querem dizer coisa alguma. Veja!

– É sério, ouça!

Lúcio retrocedeu a fita, deixando em seguida que ela avançasse até o ponto em que o paciente entrou em "crise" e os dois pudessem ouvir claramente as suas últimas palavras.

Ambos se entreolharam e Ernesto argumentou:

— Essa não é minha voz, esse não sou eu!

— É sim — tornou Lúcio.

— Eu mal sei falar o português, doutor, quanto mais em outra língua.

— Como sabe que é outra língua? Era exatamente nisso que estava pensando: que falava em outro idioma. Mas não tenho certeza.

Ernesto fitou demoradamente em um ponto qualquer, pensativo e intrigado com o que o médico lhe dissera, sem entender o que realmente se passara.

Ao se certificar que ele estava bem, Lúcio deu por encerrada aquela sessão.

Depois que permaneceu sozinho ouviu por várias vezes a gravação, não conseguindo identificar se era realmente em outra língua que seu novo paciente estava falando. Porém, o que mais o deixou intrigado era o fato de ter mencionado a respeito de Flora, na verdade o que o deixou mais intrigado ainda era a palavra *traição*.

As sessões com o dr. Lúcio Motta se estenderam por mais três semanas consecutivas, sem obter resultados satisfatórios por parte do profissional, tampouco por parte de Ernesto, que, embora houvesse se aquietado em relação à regressão, estava desanimado com os métodos do jovem psiquiatra que não o estavam ajudando muito.

* * * *

Antes disso, Flora, que já era muito dada às aventuras amorosas, cedeu à tentação ao receber uma ligação de Júlio, o motoqueiro, que dizia querer revê-la. Ela no primeiro telefonema se fez de rogada, mostrando ares de não estar interessada. Entretanto, deixou-se levar pelos impulsos do sexo e, dessa forma, na terceira ligação eles combinaram de se encontrar.

O encontro se deu exatamente no quiosque no qual ambos tomaram água de coco após o incidente. A partir daí Flora começou a olhar para o rapaz com olhos ainda mais convidativos, ou seja, demonstrando todo interesse e desejo.

Durante as três semanas em que Lúcio estava se dedicando ao caso de Ernesto, sem resultados aparentes, Flora e Júlio tiveram a primeira tarde de paixão, atendendo aos apelos do sexo. A partir daquele momento, os dois passaram a se encontrar regularmente, uma, duas vezes por semana.

Lúcio tivera pouca sorte com as mulheres, apesar de ser um rapaz bonito, elegante e de nível econômico satisfatoriamente resolvido. Encontrou em Flora o apoio feminino de que sentia falta. O amor de que sempre teve necessidade em viver, enfim a mulher de sua vida.

Flora correspondia-o, mas era do tipo que não ficava presa a alguém por muito tempo. Apesar da paixão avassaladora que sentira por ele nos primeiros meses, ela era inclinada a viver romances conforme os anelos de seu coração e as atrações compulsivas do sexo desregrado.

Em uma certa noite, ao comentar com ela sobre o que ocorrera em uma das sessões com um dos pacientes, o qual falara em língua estranha, mencionando sobre ela e logo em seguida sobre traição, Flora sem dar mostras disso se assustou, pensando que Lúcio estaria dizendo aquilo para testá-la, ou porque estivesse desconfiado de algo.

Naquele instante, ela nada disse, voltando a falar no assunto após o jantar, dizendo-lhe:

– Você acha que está dando resultado tratar desse seu paciente, passar tanto tempo com ele para receber tão pouco, só para um experimento médico?

– Não é um experimento médico – respondeu ele –, é uma forma de conhecer e entender o que se passa em cada mente humana.

– Você mesmo disse que esse tipo de paciente tem vários tipos e níveis de alucinações. Quem sabe esse se enquadre em uma delas?

— Pode ser. De qualquer forma, preciso analisar a fita que gravei. Quero saber se ele falava realmente em outra língua. Ficou algo no ar que não consegui entender.

Flora já se sentiu ameaçada pelo paciente do companheiro, e, se houvesse realmente lógica, coerência no que Lúcio estava dizendo, seu romance com Júlio poderia estar correndo risco de ser descoberto.

Descobertas

Semanas depois, o dr. Lúcio conseguiu encontrar alguém que pudesse lhe dizer se aquelas palavras pronunciadas por Ernesto foram realmente em língua morta. E o mesmo se aplicava ao que estava escrito na sua caderneta de anotações, motivo pelo qual o caso dele chamou ainda mais sua atenção. O jovem psiquiatra estava despertando para sua real vocação, interessando-se em descortinar horizontes além do círculo estreito em que até então permanecera. Não que ele não levasse a sério seu trabalho como profissional, no entanto sabia que não estava fazendo jus ao nome que vinha construindo como psiquiatra, ante as festas e diversões frívolas em excesso que de certa forma o impediam de deslanchar na carreira que escolhera.

Lúcio conhecia uma pessoa que estava passando férias no Brasil, que entendia vários idiomas e línguas mortas. Assim, marcou um horário com Marcos Fontes, amigo de infância, atualmente exímio e conceituado pesquisador, arqueólogo residente no Cairo, no Egito.

– Como vai, Marcos? Prazer em revê-lo depois de tanto tempo.

– O prazer é todo meu Lúcio, quero dizer, dr. Lúcio.

– Deixemos a formalidade de lado, Marcos – disse Lúcio, sorrindo. – Irá ficar muito tempo no país?

– Sim, mais um mês! Diga-me o que tem de interessante que quer me mostrar?

– Ah! Sim. Trouxe essa gravação e essa escrita para que você possa ver do que realmente se trata.

Marcos Fontes leu o pequeno texto e ouviu o que estava gravado na fita. Lúcio olhava-o apreensivo no desejo ardente de saber o que diziam aquelas palavras e frases estranhas.

Após examinar o texto, Fontes se levantou, apanhando um de seus livros para se certificar melhor sobre o que vira e, voltando-se para Lúcio, disse:

– Bem! Onde conseguiu isso?

– De um dos meus pacientes. Ele entrou em crise, uma das muitas que já teve, e escreveu isso ao mesmo tempo em que dizia as palavras que estão na gravação. Pode me dizer o que é? Elas fazem algum sentido, têm um significado?

– Ele entrou em transe? – quis saber o arqueólogo.

– Como assim? – perguntou o psiquiatra. – Ele teve uma crise epilética, mas o que me intriga é que suas crises não se enquadram realmente em epilepsia.

– Certo! O que posso lhe dizer a respeito da escrita é que é um *hieroglífico*, caracteres de uma das escrituras utilizadas pelos antigos egípcios, um *hierograma* usado pelos sacerdotes, um alfabeto egípcio.

– E o que diz, consegue traduzir?

– Sim. Está dizendo: *Vingança e morte ao sacerdote traidor*!

– Sacerdote?... Traidor?... O que quer dizer isso?

– Não sei. Só sei que é isso que está escrito. Seu paciente tem conhecimento sobre hieróglifos?

– Não que eu saiba. Ele até ficou surpreso ao ver e ouvir o que consegui gravar.

– Geralmente, Lúcio, pessoas levadas à hipnose, ao transe, podem falar de coisas que para a maioria é desconhecida, e isso sem falar das induções a que são levadas, e se há indução não há hipnose nem transe. Daí lhe explicar as causas não é de minha alçada. Talvez você possa responder, já que esse é um assunto da sua área.

– Não, não. Eu não faço hipnose nem regressão. E a gravação, o que ela diz? Em que língua está?

– Em aramaico, e a tradução é: *Viajamos através dos tempos. Quem morre é o homem e não a chama que o anima.*
– *Chama*! Eu não compreendo – exclamou Lúcio.
– A *chama* nesse caso pode ser considerada como alma ou espírito. Seria a resposta mais sensata, pois, segundo os religiosos, os sacerdotes egípcios da época diziam: morto o corpo, livre o espírito.
– O que está tentando me dizer, Marcos?
– Não acredito nessas coisas do outro mundo, dr. Lúcio, mas devo admitir que as mais remotas e antigas sociedades e religiões acreditavam sobreviver à morte do corpo. Não é por acaso que os primeiros cristãos iam para o circo romano cantando enquanto eram entregues às feras. Por quê? Porque acreditavam que depois do suplício gozariam a vida espiritual, que chamam de verdadeira vida, em algum outro lugar onde seus espíritos continuariam vivendo após o desaparecimento de seus corpos.

Lúcio ficou em silêncio por um momento, perguntando em seguida:

– E o que ele quis dizer sobre minha mulher e traição?
– Como pesquisador, eu devo lhe dizer também que esses povos e culturas acreditavam não só na vida depois desta vida, mas também no retorno da alma em outro corpo, o que hoje comumente denominam de reencarnação.
– Está dizendo que Ernesto voltou por meio da crise ou "transe espontâneo" a outra época, em outra existência, para poder falar e escrever em aramaico? Está querendo me dizer que isso é possível?
– Não posso afirmar. Sou um arqueólogo e conheço também um pouco de antropologia, mas sou estudioso de várias línguas. Sou leigo em psiquiatria, mas mesmo sendo leigo nessa área acho muito estranho alguém com "crise epilética" fazer o que seu paciente fez! Você também não acha?

Lúcio permaneceu pensativo por alguns segundos e arriscou:

– Você acredita em vida espiritual, em almas do outro mundo, Marcos?

— Meu caro dr. Lúcio Motta. Ouça bem! Eu fui criado na religião católica, a qual muito respeito, mas durante meus estudos descobri muitas coisas que a Igreja romana fez de errado no passado, muitas delas ficaram encobertas, principalmente a questão da migração da alma a outros corpos depois da morte, após passados muitos anos desse fato. Diria até que a reencarnação seja realmente um dos dogmas excluídos do Cristianismo primitivo e contemporâneo. Os Concílios de Constantinopla e de Niceia são claros quanto a isso.

Lúcio se deixou cair na poltrona do escritório de Marcos Pontes, um pouco confuso, tentando entender o que o destino colocara à sua frente na pessoa de Ernesto.

Meditou por alguns instantes, que foram interrompidos pela esposa de Marcos, que adentrou o recinto pedindo escusas, trazendo um café recém-passado para os dois amigos.

Lúcio agradeceu à gentil senhora e, antes mesmo que ela se retirasse, Marcos Pontes disse-lhe:

— Ah! Querida, me lembrei de algo. Poderia falar ao nosso jovem amigo sobre sua mãe, os fatos paranormais ou espirituais que ela vivenciou na companhia de sua avó materna?

— Por quê? Você nunca se interessou pelo assunto! E duvido que Lúcio como psiquiatra também tenha interesse! Sabe como são esses médicos, muito racionais e práticos para entender e aceitar fenômenos que fogem ao seu âmbito de atuação e pesquisa.

Marcos sorriu, sabia que sua esposa não estava falando por mal; sim, porque não gostava de tocar no assunto com pessoas que não acreditariam nela.

— Seria bom que a ouvisse, Lúcio. Eu não me aventuro por essas questões espirituais, mas admito que já presenciei muitas coisas e fatos estranhos durante minhas pesquisas *in loco*, principalmente na região em que viveram os maias, os incas e os egípcios. Não me aprofundei, porque meu escopo era a pesquisa, e como arqueólogo sempre primo pela razão, isto é, com as coisas que posso ver, tocar, ouvir e cientificamente comprovar.

Lúcio ouviu atentamente durante meia hora os relatos da sra. Pontes.

– Está me dizendo que ele pode ter entrado em transe e se recordado de uma existência na qual viveu em determinado lugar e época? – interrompeu-a por instantes. – Ou até mesmo que ele pode estar em transe e sendo usado por um espírito que também pode ter vivido naquele tempo?
– Sim, Lúcio. É isso mesmo! – respondeu a esposa de Marcos já inteirada do assunto. – E, se você deixar um pouco o positivismo de lado, ou seja, os dados da observação e da experiência e se abrir para ao menos tentar entender outro campo da mente humana, o que equivale dizer a alma humana, irá descobrir coisas novas, alargando seus horizontes na área da psiquiatria. Pois não basta apenas estudar a mente, é necessário também que se estude o espírito.

Ele ficou sem piscar por alguns segundos, olhando fixamente para ela. Não se sabia se era de admiração ou de pena! Sim, porque Lúcio poderia estar achando tudo aquilo uma grande bobagem, crendices religiosas ou filosóficas criadas por mentes tacanhas que procuram um conforto para suas carências e frustrações. Porém, tanto Marcos quanto sua esposa não eram pessoas ingênuas e supersticiosas; se ela estava lhe falando sobre isso, deveria ter algum fundamento.

Porém, não poderia ver no casal de amigos mentes tacanhas, supersticiosas. Eram pessoas de cultura, inteligência; pessoas de senso prático, as quais não se deixariam seduzir por "achismos", deduções ou folclores; portanto, embora a estranheza que tudo aquilo lhe causara, deveria considerar o fato de que ambos pudessem estar certos.

Havia muitas coisas que a faculdade de ensino jamais lhe ensinara, e determinados conhecimentos da vida e da mente humana somente mesmo a própria vida e a experiência poderiam lhe ensinar.

Depois da conversa com o velho casal de amigos, o dr. Lúcio Motta meditou muito a respeito do que ouvira e achou interessante deixar que Ernesto tivesse crises continuadas a cada sessão, já não vendo nele um paciente necessitado de tratamento somente, mas também uma "cobaia" para seus experimentos.

Pensou consigo: "Se o que a esposa de Marcos me disse fizer sentido, então Ernesto pode estar tendo sua tão desejada regressão".

Depois de se despedir do casal Pontes e antes de entrar em seu carro, Lúcio parou ao lado do mesmo, balançando a cabeça, como querendo se desfazer de seus pensamentos, admirado por tais ideias estarem ocupando sua mente analítica.

A ética médica ainda era algo que preservava e não faria nada que pudesse prejudicar a saúde mental de seus pacientes, nem mesmo fazê-los de cobaias. Se quisesse continuar estudando o caso de Ernesto, iria fazê-lo de acordo com o bom senso, com espírito analítico, sem, todavia, fechar os olhos aos novos conhecimentos que o caso do paciente estava lhe demonstrando.

Ao deixar a casa do casal de amigos, e antes de voltar para seu apartamento, resolveu passar por outro caminho, no desejo de passear um pouco e espairecer naquele fim de tarde. O que ele não sabia era que o destino lhe reservara uma surpresa desagradável, e assim não pôde arejar a mente como pretendia, muito pelo contrário.

Ao parar em um dos sinais, quando este estava no vermelho, ele viu o carro de Flora estacionado do outro lado da pista contrária. Até pensou ser outro veículo, porém o carro daquela que tinha como esposa era inconfundível, mesmo porque ele conseguira ver o número da placa do ponto de onde havia parado.

Ele fez menção de estacionar mais à frente para ir ao encontro dela, imaginando que talvez estivesse fazendo compras em uma das lojas de roupas que ladeavam com um dos restaurantes. O sinal abriu e ele parou o carro a poucos metros. Quando se preparava para descer, eis que Flora saiu de um dos restaurantes acompanhada de Júlio.

Lúcio franziu o cenho, admirado do que estava vendo. Flora dava mostras de ser muito íntima do rapaz, o que Lúcio percebeu no mesmo instante e, embora o ímpeto que teve de se aproximar, ele se conteve.

À despedida de ambos, Flora beijou-o nos lábios, e seu então marido não teve dúvidas de que aquele não poderia ser simplesmente um amigo dela. Pelo visto era muito mais que uma simples amizade.

Ficou observando os dois se despedirem a sangue-frio, mas ao mesmo tempo com uma ponta de indignação. Flora entrou no carro enquanto Júlio montou em sua moto tomando rumo ignorado. Lúcio então se lembrou do acidente em que a esposa se envolvera, quando disse ter derrubado um motoqueiro, concluindo que decerto era aquele com quem acabara de estar.

O mundo íntimo do psiquiatra parecia estar desabando. A decepção motivada pela traição daquela que acolhera sob seu teto para viverem juntos se tornou algo indescritível. Ele que sempre cuidara de tratar dos problemas alheios, agora se via na condição de paciente necessitando de quem o ouvisse.

Lúcio deixou o lugar e foi até um barzinho para beber. Não queria tomar nenhuma atitude precipitada; precisava pensar, sossegar os ânimos. Embora se mantivesse com sangue-frio, não pôde ficar indiferente ao que havia presenciado e descoberto. Um turbilhão de pensamentos passava por sua mente. "Como lidar com uma situação como esta!", pensava consigo mesmo.

Sentou-se à mesa e pediu um drinque, apoiando logo em seguida a cabeça sobre as mãos, como sempre fazia, e de repente se lembrou das palavras de Ernesto quando estava em crise, citando Flora e falando sobre traição. Permaneceu ali sozinho, bebendo e amargurando-se, pensando o que fazer. A dor do que parecia ser uma traição evidente estava desestabilizando o dr. Lúcio Motta.

* * * *

Olhei para o rapaz penalizada com as energias inferiores e escuras que se formavam em torno de sua aura, em virtude da sintonia vibratória em que estava entrando por causa dos pensamentos que alimentava. Foi quando Santiago me convidou para nos retirarmos. Tínhamos um compromisso logo à noite, e no momento não podíamos interferir na dor de Lúcio. Aquela era uma questão que ele mesmo teria de resolver.

Deixamo-lo. Em breve iríamos ao encontro de Pedro, do dr. Félix, Clara Nogueira, Valéria e Cínara.

Ainda na tarde daquele dia, a irmã de Odete, esposa de Ernesto, perguntou a ela se o tratamento psiquiátrico do cunhado estava tendo bons resultados.

— Que nada, Silvia. Até agora tudo continua como estava. Sei que o tratamento é demorado e também não faz muito tempo que começou, mas não sei... Talvez seja melhor buscar realmente outros recursos.

— Bem, Odete, eu já havia sugerido isso a vocês. Se Ernesto quiser e você concordar, posso levá-los a uma casa que dá assistência espiritual. Não custa tentar.

— Não custa? — perguntou Odete. — Nós já gastamos muito com esse problema do meu marido: com médicos, remédios e terapias. Pagar por um novo recurso não fará muita diferença. Onde é essa tal casa de assistência?

— Não irá gastar nenhum centavo. Lá não se cobra para atender as pessoas; só se faz o bem ao semelhante pelo simples fato de querer ajudar. Quem cobra por dar atendimento espiritual fica na obrigação de apresentar soluções, e é aí que a pessoa que atende fala e promete qualquer coisa, porque recebeu para isso, e sua função é deixar nos atendidos ou assistidos uma impressão de tranquilidade e, às vezes, essa tranquilidade só é aparente. Tudo provém de Deus, por essa razão não se pode prometer nem cobrar nada de ninguém, ao menos foi isso que aprendi nos livros espíritas e espiritualistas que já li.

— Essa casa é um centro espírita? — quis saber Odete.

— Essa é uma Casa Afro-brasileira, onde também se estudam livros espíritas para o conhecimento e aprimoramento dos que lá mantêm atividades ou simplesmente se tornam frequentadores assíduos, mas é em suma um Núcleo umbandista. Apesar dos preconceitos e da desinformação da grande maioria das pessoas, a Umbanda é uma religião de fé, humildade, amor e caridade. Infelizmente muitos a confundem com outras crenças por causa de equívocos e erros de alguns, que, embora respeitem, não têm nada a ver com Umbanda, muito menos com outras religiões afro-brasileiras sérias. Por falar nisso, diga-se de passagem que a Umbanda, tendo seu advento em 1908, é uma religião tipicamente brasileira, nascida nesta pátria para praticar o bem, consolar e orientar a quem nela se achegue, independentemente de crença, nível social, etnia ou cor.

Ernesto chegou à sala e sentou-se ao lado da esposa, ouvindo dela:

– Querido! Silvia estava me dizendo...

– Eu sei – interrompeu-a –, estava na cozinha preparando um lanche e não pude deixar de ouvir o que conversavam. Sabe, eu não estou sentindo muita firmeza no dr. Lúcio Motta, não houve nenhuma evolução em meu quadro.

Ernesto se ajeitou no sofá e, olhando para a cunhada, disse:

– Ouvindo seus comentários a respeito dessa religião, senti um enorme desejo de ir até o que você chamou de núcleo umbandista. Quem sabe eles tenham mais a me dizer e esclarecer do que o psiquiatra!

– Ótimo, meu querido cunhado!!! Esta noite haverá sessão, trabalho, como eles dizem. Vamos hoje mesmo antes que você mude de ideia.

– Qual sua opinião a respeito, Odete? – perguntou, querendo saber o que sua companheira pensava sobre o que Silvia acabara de lhe dizer.

– Se for bom para você, por que não tentar? Afinal, não podemos opinar sem antes conhecer e entender os fundamentos da religião Umbanda e também do Espiritismo, ou de outra religião e doutrina que promova o bem-estar do semelhante. Devemos ir. Vamos ver o que acontece!

* * * *

No início daquela noite, reunimo-nos com Salomão e nossos cinco companheiros. Foi motivo de alegria para todos nos encontrarmos novamente. As tarefas que eles desempenharam ao lado de Salomão também estavam ligadas à área da psiquiatria, obsessão e reajuste.

Santiago e eu acompanhávamos os passos de Ernesto e Lúcio Motta, que por mercê do destino haviam se reencontrado na atual existência como paciente e médico, em que ambos deveriam se ajudar e concomitantemente ajudar o próximo.

Os dramas diversos na vida das pessoas, muitas vezes, fazem com que elas busquem respostas, conforto e auxílio na religião. Independentemente de qual seja, a religião ou doutrina é tão importante para o ser encarnado quanto uma vida livre de problemas, porque, no âmago da alma, o ser humano sempre teve e terá necessidade de ir ao encontro da própria espiritualização, mesmo sem entender de espiritualidade, de vida após a morte do corpo físico.

Salvo algumas exceções, como a dos materialistas, ou até mesmo dos tidos como ateus que dizem não crer em nada, o espírito encarnado bem lá no íntimo tem necessidade de acreditar em alguma coisa, pois isso faz parte do mundo do qual é inerente, o Mundo Invisível.

Por mais que a ciência avance em suas mais diversificadas áreas, o ser humano estará sempre à procura de respostas para sua vida. Embora de forma tímida e, às vezes, temerária, já não cabe mais crer no nada ou duvidar de que na Terra todos nós estamos apenas estagiando. De encarnação a encarnação somos convidados a evoluir de forma espontânea, porque, caso decidamos por permanecer estacionados, seremos arrastados pela necessidade e assim recambiados para outros mundos correspondentes ao nosso grau de adiantamento, evolução.

Esse fato no meio espiritualista não é mais novidade, mas infelizmente, para a maioria dos habitantes da Terra, essas informações ainda não chegaram aos seus ouvidos; e, se chegaram para alguns, dentre esses são poucos os que acreditam, pois elas não alcançaram o cerne das criaturas.

Oportunidades de Recomeço

Na hora aprazada chegamos ao Núcleo da religião afro-brasileira. Santiago e Salomão, antes de entrarmos, recomendaram, a mim, Eleonora, e ao dr. Félix, a Clara Nogueira, Pedro, Valéria e Cínara para que nos ativéssemos aos ensinamentos de ordem elevada e não nos deixássemos levar pelas aparências, muito menos pelo preconceito e pensamentos de críticas mordazes. Estávamos ali com o intuito de aprender, sem interferir nem menosprezar, sem o pensamento de que pelo saber seríamos mais sábios ou evoluídos que os demais, tanto encarnados quanto desencarnados.

Olhei no frontispício da casa e observei o letreiro com o nome daquele pronto-socorro espiritual, percebendo que não se tratava realmente de um núcleo espírita. Dirigi meu olhar para Salomão que se mantinha à nossa frente e ele, percebendo minha admiração, disse-me:

– Você, Eleonora, nunca adentrou em uma Casa Afro-brasileira, onde nossos irmãos em Cristo cooperam com o Bem Supremo, prestando auxílio aos que estão à margem do caminho com os mais diversos problemas?

– Não, nunca visitei uma casa assim, com esse nome e trabalho diferenciado. Entrei para o Espiritismo ainda muito jovem, e tão logo o Espiritismo entrou em mim, a ele me dediquei com afinco. Porém, não nego a curiosidade que tinha de conhecer esse lado que nossos companheiros, encarnados ou não, atuam, promovendo o bem.

– Você disse curiosidade, mas esqueceu de mencionar o preconceito! – tornou Salomão, esboçando um sorriso.

Fiquei um pouco constrangida, mas sei que essa não foi a intenção de nosso amigo espiritual. Na verdade ele estava certo.

– Eleonora, você não se lembra – continuou ele –, quando era ainda uma criança com seus 3 anos de idade, fora encaminhada por seu avô materno, acompanhado de sua mãe, para um atendimento em uma Tenda Umbandista. E foi lá que você foi socorrida, teve graves problemas de saúde, provocados por uma obsessão de um espírito que a descobriu em novo corpo físico nos primeiros 3 anos da nova existência.

Eleonora olhou admirada para Salomão, que lhe revelara um fato que ela desconhecia, de vez que seus pais nunca haviam lhe falado a respeito.

– Naquela época, Eleonora – prosseguiu o Benfeitor –, as dificuldades em família eram tantas e os centros espíritas não eram como hoje, espalhados por vários estados e cidades do país e no exterior, e mesmo seu avô e seus pais sendo espíritas não tiveram pejo em levá-la para ser tratada espiritualmente por nossos irmãos do núcleo afro-brasileiro; o que vale dizer que para nós o rótulo de Umbanda, Espiritismo, Catolicismo, Omolokô, Candomblé, etc. não conta, pois vemos a todos como nossos iguais, espíritos em evolução, interessados e integrados à falange do Bem, independentemente do modo como o praticam. Nosso escopo não é falar sobre doutrina de Umbanda, sobre doutrinas afro-brasileiras ou africanistas; entretanto, não podemos desconsiderar a importância que cada uma delas possui. E a Doutrina Espírita veio corroborar com elas, pelas obras de Allan Kardec, que, por intermédio dos espíritos de que se serviu, tirou o candeeiro de sob a mesa, colocando-o sobre ela, onde todos pudessem vê-la e dela se beneficiar.

– Eu realmente não tive conhecimento desse fato! – afirmou ainda Eleonora.

– Pois bem – falou Santiago –, agora é a oportunidade que tem de satisfazer sua curiosidade ou sua vontade, sem preconceito, sem pensar se estará sendo infiel à Doutrina Espírita, mas lembre-se: do lado em que nos encontramos, no invisível, a fidelidade que devemos realmente ter é para com Deus e com nosso esforço para crescer, evoluir, independentemente de rótulos, credos ou doutrinas.

Após breve silêncio entre a equipe, o dr. Félix pediu licença para entrar no assunto, no desejo de obter novos esclarecimentos:

– Caros Santiago e Salomão, desculpem-me a intromissão. Mas ainda há dias antes de nos reunirmos novamente, como agora, acompanhamos Salomão a um Centro Espírita e o que vimos lá não foi algo que se enquadra nas fileiras do movimento espiritista, de vez que, pelo que nos tem sido apresentado, a Doutrina é dos espíritos e não dos espíritas.

– Perfeitamente, dr. Félix! – concordou Salomão.

– Pois bem! – continuou o psiquiatra. – Então, por que razão em uma das reuniões a que assistimos, eu, que não tive contato com o Espiritismo em vida carnal, diante do fato teria sido um pouco mais tolerante e compreensivo, vimos um dos dirigentes da sessão impedir a manifestação de uma entidade, por sinal muito luminosa; de dar sua contribuição, seus conselhos, simplesmente porque se apresentava como sendo um Caboclo, uma entidade na configuração de índio? Eu como um simples psiquiatra no mundo dos homens, mesmo sendo cético e leigo nessa área, relacionada às coisas transcendentes, jamais agiria com tamanho desrespeito a um colega de profissão que quisesse ajudar a um dos meus pacientes com outras palavras e métodos diferentes dos meus.

Todos nós ficamos olhando para Santiago e Salomão, aguardando seu parecer quanto à indagação do dr. Félix, quando Salomão obtemperou:

– As pessoas confundem as coisas dr. Félix. Os adeptos do Espiritismo, muitas vezes preocupados com a tão comentada *pureza doutrinária*, com receio de que se infiltrem no movimento espírita outras formas de pensamento que não estejam grafadas na codificação de Allan Kardec, acabam por agir de forma contrária ao que estudam e divulgam. Esquecem-se, ou por vezes se omitem, de que Kardec deu, por assim dizer, a primeira palavra, mas não a última, quanto às questões de ordem espiritual. Aliás, nem mesmo o próprio Jesus disse tudo! À época da Codificação, que se deu em país europeu, não havia esse conhecimento ou difusão sobre tais "culturas espirituais" indígenas, de negros escravos desencarnados; estas ficaram mais conhecidas em solo brasileiro por causa da cultura local. Não que essas entidades não existissem ou não se manifestassem, é que na França o pensamento e a cultura eram outros. Voltando ao assunto, infelizmente se instalou dentro do movimento, e não na Doutrina Espírita, a questão do ego, da vaidade, do *status*. Corre-se o risco de estarem fazendo do Espiritismo cristão o que se fez nos primeiros séculos do Cristianismo primitivo, em que o homem, deixando-se levar pelo poder, pela vaidade e pelo orgulho, utilizando-se da dedicação de extensos trabalhos da cristandade, fez dela uma religião de interesses meramente humanos e não cristãos, desvirtuando a divindade de seus ensinamentos.

– Quer dizer que o dr. Félix está correto em suas observações? – perguntou Pedro, antigo psicólogo na Terra.

Salomão olhou para Santiago como que passando a palavra a ele. Então este último prosseguiu:

– Sim!!! Não estive presente, estava com Eleonora, mas, pelo exposto, dr. Félix está certo!

– Mas corre o risco de acontecer com o Espiritismo o que aconteceu ao Catolicismo, em particular? – perguntou Clara Nogueira.

– Não acredito nisso!, embora sabendo que *"o Espiritismo será o que os homens fizerem dele"*. Penso que deveríamos mudar a frase para: **o movimento espírita**, sim, será o que os homens fizerem dele. Porque o movimento espírita é dirigido pelos homens, já o Espiritismo não tem dono e é dirigido pelos espíritos superiores. O movimento espiritista, embora responsável pelo que prega, ainda é de espíritos em evolução, imperfeitos. Se não houver mais como novas revelações ser veiculadas pelo Espiritismo por causa da vaidade e prepotência de alguns, tais revelações surgirão em seara mais fértil e proveitosa. Afinal, é assim que o lavrador prudente age quando o terreno onde faz o plantio não

produz mais como era de se esperar; ele parte em busca de novas terras na esperança de que suas sementes possam ser semeadas e assim possam germinar, crescer e dar frutos a mancheias.
— E por que não deixaram o espírito índio se manifestar a seu modo, uma vez que estava respeitando as normas da Casa Espírita? — quis saber ainda o dr. Félix.
— Por pura insegurança ou ignorância, caro Félix — respondeu Santiago. — O trabalho daquela noite necessitava de um Espírito amigo como aquele, mas mesmo assim ele fez o trabalho que lhe fora confiado pelo espírito protetor da casa: limpar a atmosfera ambiente, pois o trabalho de desobsessão requer esse tipo de auxílio. Além do mais, o espírito que se apresentou como sendo da linha de trabalho do *Caboclo Sete Encruzilhadas,* conhecido como o pai da Umbanda, é mais evoluído moral, intelectual e espiritualmente do que muitos médiuns e participantes daquele grupo que visitamos. E sem contar que ele não violentou nenhuma norma do Centro Espírita, muito menos da Doutrina. Cada um se apresenta como quer, na hora que desejar; há que se respeitar as normas estabelecidas em uma sociedade, bem como as regras doutrinárias, mas, convenhamos, existem exageros desmedidos e antifraternos que realmente é de dar pena de muitos que se acham superiores a determinadas pessoas ou Espíritos, só porque se sentem "doutores em Espiritismo". E isso não existe!!!
A conversação antes da chegada de Ernesto com sua esposa e cunhada havia sido proveitosa. As críticas expostas ou comentários em torno de delicado assunto aconteceram com o intuito de analisarmos sob outro ângulo o que se passava ou se passa ainda no meio espiritualista, em particular, com os adeptos do Espiritismo, o qual eu dedicara boa parte de minha existência e sentia necessidade de conhecer, aprender e crescer mais, diante dos fatos expostos, mesmo porque eu também agira com preconceito em relação às doutrinas afro-brasileiras. Mas, assim como ocorre com o Espiritismo, a culpa não é das doutrinas em si, mas de seus adeptos. O erro não está na Doutrina Espírita, mas nos espíritas, embora essa questão não possa ser aplicada a todos!

Ernesto chegou à Casa Afro-brasileira acompanhado de Odete e Silvia, sua cunhada. Silvia já era conhecida por alguns frequentadores e, por conseguinte, estava inteirada do procedimento da casa. Por isso mesmo, assim que chegaram apanhou uma ficha por meio da qual os que viessem para o atendimento seriam chamados por ordem de chegada. Era uma forma de organizar, pois eram muitos os que chegavam para participar dos trabalhos da noite ou para a assistência, buscando lenitivo, conselho e orientação para os mais diversos problemas que os afligiam.

Silvia foi conversar com Maria, uma das *cambonas*, informando-a que havia trazido a irmã e o cunhado para ser atendidos. Maria se aproximou, deu boas-vindas ao casal, dizendo para que se sentassem nos lugares destinados à assistência e ficassem à vontade.

– Que bom que vocês vieram! – continuou ela. – Espero que encontrem o conforto o qual vieram buscar. Nossa casa é humilde, simples e, embora não existam privilégios nem privilegiados, todos são bem-vindos e serão bem atendidos. Quanto à solução de qualquer problema, esse se fará mediante os méritos e a necessidade de cada um.

Odete e Ernesto, ainda um pouco sem jeito, agradeceram à gentil e carinhosa senhora que atendia também pelo codinome de Mariazinha. Ela os deixou na companhia de Silvia, que se mostrava muito à vontade e tranquila.

O paciente do dr. Lúcio Motta se mantivera assustado, desconfiado, e só não estava tremendo de medo porque a vergonha o impedia. Ouvira falar muitas coisas das doutrinas espiritualistas, da afro-brasileira especificamente, mas o que ele já tinha ouvido eram informações distorcidas da realidade, destituídas de bom senso e conhecimento por parte daqueles que têm o hábito de falar sobre o que não conhecem, ao abordar assuntos que fogem ao seu conhecimento e interesse. E com o Espiritismo também não é diferente; os leigos ou críticos desinformados falam da Doutrina Espírita com uma ponta de preconceito, de medo, sem ter ao menos conhecimentos superficiais, quanto mais profundos, sobre o que julgam saber.

Pouco a pouco outras pessoas foram chegando e, a um quarto de hora do horário marcado para o início dos trabalhos da noite, o salão já se encontrava completamente tomado por grande número de pessoas: assistentes, médiuns, curiosos, enfermos do corpo e da alma. Todos demonstravam respeitoso silêncio.

Ernesto por sua vez ainda dava mostras de tensão e só faltava ter uma de suas crises ali, em meio a tanta gente, motivo pelo qual ainda se sentiria mais envergonhado, pois o que iriam pensar dele? "Que talvez estivesse com graves problemas psíquicos", pensava consigo.

Quando a dirigente da casa proferiu as primeiras palavras na abertura da reunião, Ernesto ficou mais calmo. As palavras de Eulália, seguidas da breve leitura de um livro intitulado: *O Evangelho Segundo o Espiritismo*, caíram como brisa suave nos corações de todos. Era o convite à harmonização dos presentes, à elevação do padrão de energias, e das vibrações de cada um dos que ali estavam reunidos. Antes, porém, da leitura, a dirigente da Tenda de Pai Euzébio, uma senhora, entrou com uma espécie de turíbulo que exalava um aroma agradável para alguns e forte para outros que não tinham o hábito de inalá-lo.

A fumaça aromática se espalhou por todo o salão; era a higienização do recinto, método utilizado para limpar e harmonizar a psicosfera ambiente, como a eliminar larvas espirituais ou fluidos deletérios, energias mais densas que os participantes, em particular os que vinham em busca de auxílio, sempre traziam. Antes disso, à entrada, podíamos ver dois guardiões que permaneciam à porta com a missão de fazer uma limpeza fluídica nas pessoas que adentravam o recinto, impedindo que alguns espíritos indesejados entrassem e provocassem assim qualquer desordem antes, durante e após os trabalhos.

Feito isso, deu-se início a leitura de *O Evangelho Segundo o Espiritismo*, seguida de uma prece de abertura, que fora rezada em um único coro de vozes.

Um dos médiuns abriu os trabalhos, melhor dizendo, o Espírito responsável pela Casa, pelo médium de que se utilizava, deu início às tarefas espirituais da noite. O Preto-Velho que adotara o nome de pai Euzébio em uma das linhas de Umbanda saudou a todos, e assim outros médiuns que atenderiam por meio dessa abençoada corrente espiritual passaram a incorporar, perispiritualmente falando, os espíritos Benfeitores.

Chamados um a um pelo número da senha que receberam à chegada, os que estavam precisando de uma palavra amiga ou de dar continuidade ao tratamento de saúde física e espiritual foram sendo chamados pelos cambonos.

Nem todos ali foram para uma consulta ou para ouvir os conselhos do Pai Velho, mas sim para participar, pois para eles a Umbanda bem praticada, assim como as demais religiões, é uma religião sagrada, pela qual têm muito apreço, respeito, carinho e amor.

Todos ali eram estudiosos, não se atinham somente à prática mediúnica, mas estudavam livros espíritas, em particular as obras de Allan Kardec e os livros sérios da religião afro-brasileira. Por isso todo e qualquer exagero era dispensável; escutavam, sim, a orientação das Entidades com muito apreço e respeito, e eles, os Espíritos, convidavam todos ao estudo, à mudança de hábitos e de atitudes, à renovação de valores.

A transformação moral e espiritual não é menos importante que o conhecimento, muito embora este último auxilie a bem discernir e raciocinar, mas não substitui a grandeza da elevação do Espírito, quando este decide avançar, evoluir, transformar-se para melhor.

Chegou a vez de Ernesto ser atendido.

Mariazinha orientou-o para que se sentasse no banquinho ao lado do médium que incorporara o Preto Velho:

– A paz de Jesus Cristo, meu zifio!

Saudou-o pai Eusébio em linguajar pitoresco.

– Que ela esteja com todos vocês também! – respondeu Ernesto, um pouco tímido.

– Vejo que zifio tá um pouco acanhado. Não precisa ficar desse jeito, zifio! Aqui todo mundo é igual e nego veio não vai lhe fazer mal; aqui ossuncê e todos os outros são bem-vindos. He, he, he, he!

— Desculpe-me, pai Eusébio, é que eu nunca adentrei em uma Tenda, não compreendo sobre Espiritismo — argumentou Ernesto, sentindo um resfriamento periférico e suor abundante.
— Mas aqui não é Espiritismo, meu zifio — respondeu a entidade. — Aqui nóis pratica Umbanda, trazida pelo Caboclo Sete Encruzilhadas. Mas nego veio fala uma coisa para ossuncê, zifio: nóis também trabalha na mesa de Kardec, e às vezes nóis se apresenta com outra vestimenta — e olhando para a cambona que a tudo acompanhava de pertinho, o preto velho disse: — Não é mesmo, moreca Mariazinha?!
— Sim, é isso mesmo, pai Eusébio — respondeu Maria. — Nosso companheiro aqui é novo na Casa, ainda não está ciente do que seja religião afro-brasileira e Espiritismo.
— Eu sei, moreca! Mas sei também que ele vai entender bem sobre um ou outro. He, he, he, he! Ossuncê entende o que nego veio fala?
— Sim, pai Eusébio, eu compreendo.
— Se não consegue entender nego veio fala certinho, eu sei conversar direito, falo assim porque quero e não porque sou analfabeto. He, he, he, he. Fala fio, o que ossuncê faz aqui em nossa Casa humilde?
— Vim em busca de ajuda, pai Eusébio. Se Deus permitir, pode me ajudar?
— Se Ele permite, nóis ajuda sim, zifio!
O consulente passou a mão sobre a testa na tentativa de conter os pingos de suor que escorriam até seu rosto, e nesse meio tempo ouviu da Entidade, sem compreender o porquê de ele estar lhe falando:
— Ossuncê veio em busca de socorro, zifio, e vai receber. E para isso nego veio vai ter de atender esse aí do seu lado também...
Ernesto pensou que pai Eusébio estava se referindo a alguma outra pessoa que veio para assistência, mas logo em seguida a Entidade concluiu:
— Não se preocupe, zifio. Vai ser só um soninho e depois vai começar a se sentir melhor!

Ernesto ainda tinha sudorese abundante; começou a se sentir inquieto, tomado por uma vertigem. Foi quando o médium incorporado sob o comando do benfeitor espiritual Euzébio, que era o dirigente espiritual da casa, levou a destra sobre o lobo frontal de Ernesto, fazendo com que ele perdesse completamente os sentidos e naturalmente o domínio sobre seu corpo: era um espírito que a ele se incorporara.

Ernesto se contorceu todo, por não ter domínio e conhecimento a respeito do fenômeno, vindo a cair de joelhos, mas a entidade não conseguiu fazer do aparelho mediúnico do qual se utilizava o que queria... Apesar do desconhecimento de Ernesto sobre a educação e controle da mediunidade, o obsessor foi contido pelas vibrações do ambiente.

– Observem o que se passa com a organização perispiritual de Ernesto – chamou-nos a atenção Santiago para o fato em desdobramento. – Notem quantos fios permanecem ligados a ele e quantos mais seriam criados, caso ele não recorresse ao auxílio espiritual!

– Então ele não tem nada mesmo de epilepsia? – indaguei, sem tirar os olhos do quadro à nossa frente.

– Exatamente, Eleonora. Trata-se de uma mediunidade que aflorou na maturidade do corpo do espírito reencarnado como Ernesto. O obsessor que o imantou estava desenvolvendo fios, teias que se transformariam em uma malha, com o intuito de prendê-lo de vez em seus funestos planos, nos quais Ernesto ficaria preso nas malhas da obsessão até que decidisse procurar ajuda ou entendesse o chamamento do Mundo Maior para laborar na prática do bem aos semelhantes.

– E por que razão ele parecia ter a ideia fixa de fazer regressão de memória? Mesmo desconhecendo a vida espiritual, ele parece que sempre acreditou na reencarnação, por quê?

– Na realidade, ele sempre trouxe isso dentro de si, em seus arquivos psíquicos, embora não soubesse o motivo – tornou Santiago. – No entanto, esse desejo de regressão fora insuflado pela entidade que até então o assediava, e, se conseguisse levá-lo ao transe nas mãos de um leigo das causas espirituais, poderia por meio dele fazê-lo ver onde foi que ele errou no passado, provocando-lhe remorsos atrozes e, assim, estaria com o canal mais aberto às influências maiores, o que poderia levá-lo à loucura realmente.

Depois de ser "doutrinado", termo este que Santiago e Salomão não gostavam de usar, mas o utilizavam como sendo um esclarecimento, a entidade que vinha assediando Ernesto foi por ora encaminhada. Isso, porém, não significa que o obsessor tenha se rendido totalmente às palavras de pai Eusébio, mas, diante da luminosidade e grandeza espiritual do preto velho, não havia como ele ter mais domínio sobre a consciência de Ernesto.

Não é comum, segundo nossos Instrutores, médiuns da casa e médiuns inconscientes que estão na assistência – diga-se inconscientes por desconhecerem a fenomenologia da incorporação e da mediunidade em si – incorporarem espíritos obsessores para esclarecimento. Diferentemente dos centros espíritas, os médiuns não são levados a esse acoplamento perispiritual, pois todo tratamento é feito por meio dos benfeitores da casa. Nas religiões afro-brasileiras ou de matriz africana, os médiuns são preparados para incorporarem primeiramente seus mentores e amigos espirituais, equilibrando assim seu campo áurico.

Voltando ao caso de Ernesto, fomos informados também, segundo os esclarecimentos de nossos dois amigos, de que a entidade obsessora fora traída por Ernesto em outra existência. Ele foi responsável direto pela morte da família de Tertuliano, esse era o nome do então obsessor. Ambos foram magos, sacerdotes na época em que viveram, em que tinham domínio sobre o povo. Eram conhecedores da magia, porém desvirtuando-a para fins menos nobres, o que culminou no extermínio de muitas vidas por parte de Ernesto, em quem Tertuliano tinha total confiança.

Lúcio Motta, o então jovem psiquiatra que tem cuidado do caso de Ernesto, também fora um desses sacerdotes, sem grandes poderes, que fazia estudos e experimentos com a mente humana. Queria saber quais as razões que levavam as pessoas a terem sonhos premonitórios, assim como ele os tinha. Desejava encontrar uma resposta para suas pesquisas no vão desejo de também dominar a massa, juntamente com Ernesto.

Juntos, eles traíram Tertuliano, por isso não é coincidência o fato de Ernesto ter encontrado em Lúcio a afinidade de um amigo, a confiança e a esperança de que ele poderia ajudá-lo a resolver suas "crises", que na verdade são uma mediunidade em desalinho.

Embora séculos tenham se passado, pendências de uma existência ficam para ser resolvidas, caso a parte mais atingida não tenha realmente perdoado. Reencarna-se várias vezes, mas no inconsciente ficam retidas as lembranças daquela encarnação, que vêm à tona quando o Espírito volta à vida espiritual.

Por isso disse Jesus: *Reconciliai-vos o mais depressa com vosso adversário enquanto estais com ele no caminho, a fim de que vosso adversário não vos entregue ao juiz, e que o juiz não vos entregue ao ministro da justiça, e que não sejais aprisionado. Eu vos digo, em verdade, que não saireis de lá, enquanto não houverdes pago até o último ceitil* (São Mateus, cap. 5, 25-26).*

O dr. Félix, que mantinha um raciocínio, prático quis saber:

– Desculpem-me a curiosidade, Santiago e Salomão. Mas é necessário realmente que pai Eusébio se apresente como antigo escravo e converse nesse linguajar, de vez que é um espírito evoluído? Por que não se apresentar sob outra forma, uma vez que a escravatura foi um dos períodos sombrios da história da humanidade, que trouxe muito sofrimento?

– Utilizando-se do laboratório do Mundo Invisível, nós espíritos podemos nos apresentar sob as mais variadas formas, conquanto a forma que nos trouxe, digamos assim, maior redenção, evolução espiritual e moral, será a que mais apreciamos. Pai Eusébio já foi sacerdote druida, filósofo, sacerdote da Igreja romana, médico e também por duas vezes escravo, e sua última encarnação como cativo se deu no Brasil, onde ele hauriu maior elevação e crescimento desencarnando aos 80 anos de idade. Cada qual se apresenta como achar melhor: alguns se apresentam como freiras, outros como senadores da Roma antiga,

---

* N.A.: *O Evangelho Segundo o Espiritismo,* Capítulo X – itens 5 e 6.

alguns como sacerdotes, outros como médicos, hindus, etc. E por que não se apresentar como índios, ciganos ou pretos velhos? A forma não é nada, o conteúdo é tudo. Um nome pomposo ou uma aparência de alguém importante não tem valor se o Espírito não diz coisa com coisa ou quer simplesmente impressionar. **Os bons espíritos falam muito em poucas palavras.** O fato de se apresentar como um antigo escravo não diminui o valor da Entidade nem dos seus ensinamentos. Ao contrário do que possam pensar e falar, a linha dos então denominados Pretos Velhos, Caboclos e Guardiões, entre outras, não é de espíritos ignorantes e atrasados. Talvez o atraso esteja na mente daqueles que pensam dessa forma, com preconceito, com falta de conhecimento sobre as obras de Allan Kardec e especialmente sobre a vida além do túmulo. Os espíritos são o que são, não o que os encarnados queiram que eles sejam!

– Compreendi! – disse o dr. Félix. – Os títulos do mundo não servem de nada neste lado em que nos encontramos, no Invisível. Pai Eusébio, ao que me parece, tem sido realmente um pai para aqueles que o procuram, tanto encarnados ou não. Poderia se servir de qualquer de suas imagens importantes de outras encarnações, mas prefere a encarnação que lhe atestou amor, humildade e simplicidade sem se fazer ignorante ou menos evoluído.

– Exatamente, dr. Félix – tornou Santiago. – É assim que também o vemos, e não é pelo fato de não estar trabalhando em uma Casa Espírita que ele deixa de ser o que é! Não é o fato de atender em Núcleo Afro-brasileiro, no Catolicismo, Protestantismo e em tantos outros *ismos*, que o espírito não está contribuindo para o bem de todos, embora sabendo que nos centros espíritas ele também possa atuar da forma como se apresenta ou de outra que fale mais alto ao coração dos espíritas.

– Gostaria de pedir algo – tornou o dr. Félix, emocionado.

– Peça, caro amigo! – respondeu agora Salomão, parecendo entrever o que seria o pedido.

– A partir de hoje me chamem apenas de Félix. Tirem o *doutor*! O título de doutor ficou no mundo material. Aqui sou um

Espírito desejoso de aprender, ajudar, contribuir e evoluir. Fui médico na Terra, aqui sou apenas mais um espírito servidor, carecendo de entendimento e evolução.

Todos nós ficamos tocados com o que ouvíramos do então antigo psiquiatra, que demonstrava haver descido da antiga postura honorífica conferida pelo mundo.

Na verdade, Félix estava seguindo o exemplo de pai Eusébio. Via-se em seus olhos que ele havia se identificado com o preto velho, aprendendo humildade, amor e desprendimento. A lição se estendeu a todos nós, pois a reunião que estava prestes a se encerrar nos trouxera muitos ensinamentos, quebrara muitos tabus, sem falar do orgulho ou da prepotência que muitas vezes trazemos do mundo dos homens, achando-nos sabedores e conhecedores de tudo.

Como espírita que fora enquanto encarnada, aprendi muitas coisas. No entanto, às vezes deixamos nossa mente se cristalizar pelo conhecimento, achando-nos privilegiados pelo que aprendemos. Entretanto, fazendo bem pouco diante do que sabemos e, em outros casos com certo desdém e orgulho diante das outras pessoas, julgando-nos melhores que elas por estarmos dentro da Doutrina, sem nos perguntar se a Doutrina está ou estava dentro de nós.

Antes de finalizar o atendimento a Ernesto, pai Eusébio aconselhou:

– Zifio vai voltar aqui mais vezes e depois vai poder escolher seu caminho. Vai se sentir mais forte, não vai perder mais a consciência, mas deve estudar e aprender sobre Espiritismo e vida espiritual.

A cambona Mariazinha, que a tudo acompanhava atenta, indagou a pedido de Odete:

– Ele vai ficar bom, não é mesmo, pai Eusébio? Mas onde é o lugar dele, na Umbanda ou no Espiritismo?

– He, he, he, he! Nós somos todos irmãos em Cristo, zifia! Como todo Espírito, pode-se trabalhar em conjunto aqui e acolá, desde que respeite a Casa e seus regulamentos. Mas *nego veio* está vendo que o lugar dele não é mesa de Kardec. Volta mais

vezes, zifio, e não tenha mais medo! E mesmo depois dessas outras vindas aqui na Tenda de *nego veio*, e mesmo que zifio decidir ficar na mesa de Kardec, zifio pode voltar aqui quantas vezes quiser. Vai ser bem-vindo!!!
    Ainda a pedido de Odete, Mariazinha perguntou novamente:
    – E quanto ao tratamento psiquiátrico que ele vem fazendo, ele deve interromper, ou seja, parar de vez e fazer somente tratamento espiritual?
    – Eh, eh!... Zifio está se sentindo bem com o tratamento com o médico de cabeça? – quis saber a entidade. Ao que Ernesto respondeu:
    – Não senti nenhum progresso, pai Eusébio!
    – Escuta, zifio! Não teve progresso porque ossuncê não está doente da cabeça. Seu problema é espiritual, sempre foi. Quando se está fazendo tratamento espiritual, e juntamente com o doutor por causa de doença do corpo, é melhor continuar também com o tratamento com o médico da Terra. Mas no seu caso, zifio, só vai atrapalhar mais sua cabeça. Ossuncê é médium e se quiser pode trabalhar como tal. E se não quiser tem de se cuidar espiritualmente; se espiritualizar, frequentar uma casa e se vigiar e orar sempre, além do que, zifio, Jesus é nosso Maior Guia, zifio.
    – Médium!!! – exclamou Ernesto. – Quer dizer que tenho de trabalhar como vocês?
    – Como nós não, zifio. Como nosso aparelho, o médium. He, he, he, he. Não se assuste, pois todo mundo é mais ou menos médium, seja na Umbanda, no Espiritismo, no Catolicismo, no Hinduísmo, no Candomblé. Enfim, mediunidade independe de religião ou crença. É atributo da alma encarnada, com uma predisposição orgânica e não invenção do homem; é outorga de Deus, nosso Pai Maior! E então, zifio Ernesto, ainda quer fazer regressão?
    Ernesto olhou para Mariazinha e para sua esposa que estava ao seu lado, admirado da pergunta do preto velho, uma vez que nem ele nem Odete ou Silvia havia comentado algo a respeito.
    – Não, pai Eusébio. Isso não me interessa mais. Nem sei exatamente por que eu desejava fazer isso.

– Muito bem, zifio. As portas estarão sempre abertas para ossuncê e todos os *zifios* da Terra. Volte mais vezes e não deixe que ninguém use sua cabeça, use ossuncê como cobaia, seja Espírito encarnado ou não. Fique em paz, Jesus e Maria Santíssima abençoem a todos ossuncê!

Ernesto, Odete e Silvia deixaram a Tenda de Pai Eusébio ao término da sessão, bem mais aliviados, sentindo paz e uma força interior indescritível.

A vida de Ernesto, particularmente, tomaria novo rumo com perspectivas de crescimento e melhoria no campo das emoções, dos sentimentos, pois daquele momento em diante ele estava sendo despertado para as cousas do espírito. E seus achaques não mais aconteceriam, porque pouco a pouco o estudo, o conhecimento espírita, lhe abriria o entendimento, a razão e o coração sobre as realidades do Invisível.

Sob o Domínio do Instinto

Quando Lúcio chegou em sua casa faltavam 15 minutos para a meia-noite. Flora estava preocupada, uma vez que ele sempre ligava, avisando que iria se atrasar. Algo poderia ter acontecido a ele, e ela estava certa, entretanto não como supunha...
Com dificuldade, Lúcio conseguiu abrir a porta. Estava visivelmente sob o domínio do álcool, razão pela qual voltara para casa de táxi, deixando seu carro em um estacionamento pago, pois não tinha condições de dirigir. Ao menos para isso ele teve bom senso e consciência; havia bebido bastante, porém não o suficiente para perder completamente a razão.
Flora, ao ouvir alguém mexendo na fechadura, levantou-se do sofá, permanecendo em pé de frente para a porta que se abriu. A aparência de Lúcio não era das melhores; sua fisionomia demonstrava sofreguidão e revolta, seus olhos pareciam ferir aquela que ele tomara como esposa, e agora havia quebrado o elo da confiança, do carinho e do respeito que devotara a ela.
– Você está bem, querido? O que houve com você?
Ele voltou o olhar para ela, procurando disfarçar o fogo ardente que lhe consumia o coração, e disse-lhe:
– Nada! Eu apenas exagerei na bebida hoje! Irei tomar um banho e depois vou dormir.
Flora ficou olhando-o entrar pelo corredor que levava aos quartos, cismada com o jeito que Lúcio chegara. Antes mesmo que ele se virasse para fechar a porta do corredor, o celular de

Flora tocou quatro vezes, sem que ela fizesse qualquer movimento para atendê-lo, e então ele parou e perguntou a ela:
– Você não vai atender?

Ela gaguejou imaginando que poderia ser Júlio, pois há menos de duas horas ela ligara para ele, dizendo-se preocupada com o marido que não chegara nem dera notícias até aquele momento.

Ela apanhou o telefone, abriu o *flip* do aparelho e constatou que era realmente Júlio; desligou logo em seguida, enquanto Lúcio a observava de olhar firme.
– Era minha irmã. Está tarde, não quero falar com ninguém agora, quero só cuidar de você. Quer que prepare algo para comer?

Ele meneou a cabeça em sentido contrário, virou-se lentamente e foi para o banheiro. Enquanto isso, sua mulher permaneceu na sala assistindo à televisão; porém, vencida pela ansiedade, aproveitou os poucos minutos que tinha a sós para retornar a ligação do amante. Júlio atendeu ao telefone. Flora foi breve ao falar, pedindo a ele para que não lhe ligasse novamente naquele número com a argumentação que desligara o telefone por causa do marido que havia chegado, afirmando que retornaria a ligação tão logo pudesse, pois não queria correr mais riscos.

Lúcio, depois do banho, foi até a cozinha para tomar um pouco de água, dizendo a Flora que iria se deitar e que no dia seguinte conversariam. Ela fez menção de se levantar na esperança de que o marido lhe desse um beijo de boa-noite, mas ele a ignorou.

Já era uma e meia da madrugada quando o sono bateu e foi aí que Flora também se recolheu. Deixou o celular sobre a mesa de centro da sala, esquecendo de guardá-lo dentro da bolsa como vinha fazendo nas últimas semanas, depois que começou a ter um caso com o motoqueiro.

No meio da madrugada, Lúcio acordou e teve sede, levantou-se calmamente para não despertar Flora e se dirigiu à cozinha. Ao passar pela sala, como se estivesse movido por uma força estranha, ele viu parte do celular da esposa, que estava sob uma revista. Pegou-o, notando que ainda se encontrava ligado. Lembrou que

Flora o havia desligado quando tocara, no momento em que ele se dirigia para o banho.

Olhou as ligações que ela recebera e as que havia feito; e, a considerar pelo horário que chegou em casa, anotou o último número de telefone que estava registrado no aparelho, observando que se tratava do mesmo número da última ligação que Flora fizera minutos depois.

Sua constatação foi imediata, embora já desconfiasse de que a ligação que Flora recebeu naquele momento não era de sua irmã, como ela mesma disse. Anotou o número e o guardou depois em sua carteira.

Na manhã seguinte, quando Lúcio se levantou, Flora já tinha posto a mesa para o café. Ele ligou para o consultório pedindo à secretária que desmarcasse de última hora os dois compromissos de sua agenda para aquela manhã, e que à tarde não iria trabalhar, recomendando à Martha para que cuidasse de tudo.

– Está tudo bem, querido? Você chegou todo estranho ontem à noite, não ligou para avisar onde estava até aquelas horas. Eu fiquei preocupada!

Quis saber Flora, estranhando o comportamento do marido.

– Onde esteve ontem à tarde, Flora?

– Saí com minha irmã, fomos ao shopping e depois ao cinema.

Lúcio olhou-a fixamente nos olhos, procurando disfarçar a cólera e a indignação que estava sentindo, diante da dissimulação da esposa.

Levantou-se, deixando sobre a mesa o café da manhã que mal conseguiu tomar, movido pelo furor e decepção que a custo mantinha escondidos dentro do peito. A mentira de Flora só fez aumentar ainda mais o que estava sentindo.

Ele também não podia esperar outra atitude da parte dela. Como ela iria dizer a ele que estava na companhia de outro homem, com o qual o estava traindo?

– Bem, já que você vai sair também, vou cuidar de meus compromissos. Preciso trabalhar um pouco. Qualquer coisa me ligue no celular. Está bem?

– Pode deixar, Flora – disse ele ao sair. – À tarde nos veremos.
– À tarde? Você não virá para almoçarmos juntos? – perguntou ela, surpresa.
– Vou resolver outros assuntos pertinentes ao meu cliente Ernesto. Estarei todo tempo ocupado. Não me espere para o almoço.

Na realidade, Lúcio não iria tratar de nenhum assunto relacionado ao seu paciente. Ele queria ficar sozinho e pensar um pouco mais sobre os últimos acontecimentos, embora procurasse manter-se de sangue-frio. Traição era algo com o qual ele não conseguia lidar direito, e um turbilhão de ideias e sentimentos passava por sua mente.

Ele desceu, tirou o carro do estacionamento do prédio e deixou-o em lugar próximo, esperando por quase meia hora até que Flora também deixou o prédio. Ele tencionava segui-la, mas o que isso iria resolver, uma vez que constatar o flagrante com o provável amante seria mais do que suficiente? No entanto, ele desejava mais: queria surpreendê-los, flagrar os dois juntos e assim poderia descarregar toda a sua fúria de homem traído, ferido em seu orgulho.

O dr. Lúcio Motta estava transtornado. Apesar do desejo que tinha de fazer o que estava pensando, ele ainda conseguia ter momentos de reflexão, buscando sossegar a dor que lhe consumia a alma e a mente aturdida.

Precisava conversar com alguém sobre o fato, desabafar um pouco, do contrário ele é quem precisaria ser atendido por um colega de profissão.

No entanto, com quem poderia contar nessas horas? A vergonha de estar sendo traído pela mulher com quem vivera durante todos estes anos era algo que ele não podia contar a qualquer pessoa.

Antes de decidir o que fazer, ele foi até o bar que frequentava para beber.

Sob o efeito do álcool, Lúcio, que estava em sintonia com energias de baixo padrão, passou a sentir influência mais direta de uma entidade espiritual do baixo astral, que, aproveitando-se de sua fragilidade emocional, psíquica e mental, passou a falar ao seu ouvido, ligando-se a ele por fios escuros que se formaram em sua mente.

Nós acompanhávamos o caso de perto. Nossa equipe agora estava constantemente junta. Alguma vez e outra, por força da necessidade, separávamo-nos em dois grupos: naturalmente um seguia com Santiago e o outro com Salomão.

– Quem é o espírito que procura manipulá-lo? – perguntei a Santiago, mal conseguindo ver as características da entidade.

– Ele pertence ao mesmo grupo de entidades vinculadas a Ernesto e ao próprio Lúcio Motta, comparsas em outros tempos que se sentiram traídos.

– Podemos ajudá-lo para que Lúcio não venha a cometer qualquer loucura diante dos sentimentos de que se faz objeto, por causa das descobertas recentes em relação à sua esposa?

Indaguei ainda no desejo de cooperar, no que o Benfeitor respondeu:

– Deixemo-lo por enquanto. Lúcio deve pôr à prova todo conhecimento adquirido com seus estudos sobre a mente humana, não deixando que o sentimento inferior sobreponha os de ordem elevada, ou mesmo a razão, em conformidade com os princípios estabelecidos.

Enquanto Lúcio continuava bebendo, mergulhado em suas vibrações grosseiras, o espírito perturbado e perturbador aproveitava, pela imantação de fios obscuros, das emanações da bebida juntamente com ele, e não demorou muito para que outros Espíritos ligados ao vício do álcool se juntassem a eles. Todavia, para quem não estivesse vendo o que víamos, era de se estranhar que Lúcio parecia não sentir demasiadamente a influência da bebida, porque seus "companheiros" desencarnados absorviam grande parte das energias da mesma.

Depois de se embebedar, Lúcio ainda se mantinha quase em seu estado normal. Ligou para Flora, mas ela não atendeu ao celular. Quando pediu a conta, percebeu que havia esquecido a carteira em casa. Como era conhecido no estabelecimento, desculpou-se com o garçom, dizendo que iria até seu apartamento para buscá-la e em breve retornaria.

Ao chegar em sua casa para pegar sua carteira com os documentos e o dinheiro, viu que Flora havia esquecido o telefone sobre um móvel. Verificou quem poderia ter ligado para ela naquele espaço de tempo além dele, e nenhuma ligação havia sido registrada.

Colocou o aparelho onde o havia encontrado, mas, quando estava para deixar o apartamento, o celular de Flora tocou. Era Júlio do outro lado da linha. Lúcio atendeu sem nada dizer, colocando a mão sobre o fone e ouvindo-o dizer:

— *Oi, Flora, querida. Não desligue. Sou eu. Sei que talvez não possa falar neste momento, mas escute-me: quero que me encontre ainda hoje no endereço...* (ele disse onde). *Não podemos nos encontrar no apartamento como havíamos combinado, pois meus pais voltaram de viagem e estão lá.*

Lúcio rapidamente anotou o endereço sem nada dizer e, tão logo Júlio deu o recado, desligou o telefone.

O médico psiquiatra perdera naquele momento as estribeiras e a Entidade que o acompanhara até ali, observando seu sentimento de ódio, revolta e tristeza, tudo ao mesmo tempo, deu estridente gargalhada, aproximando-se mais dele e falando ao seu ouvido: "Então! Você vai deixar isso barato, doutorzinho? Vá até lá e acabe com ele e com ela também, afinal ela traiu sua confiança".

Ele deixou novamente o prédio e seguiu para o local onde o amante de Flora marcara de se encontrar com ela. Quando Lúcio saiu com o carro, pois o deixara estacionado a uns 15 metros da portaria do prédio onde morava, eis que Flora voltou também para o apartamento, pois durante o trajeto para a casa de Júlio ela se lembrou de que esquecera o celular em casa.

Chegando ao apartamento, procurou pelo aparelho celular e o encontrou onde Lúcio havia colocado, conforme o deixara, sem desligá-lo.

Ela olhou se havia alguma mensagem e notou uma ligação de Júlio, que fora atendida, mas, na pressa, ela pensou que havia configurado o aparelho no atendimento automático, razão pela qual não desconfiou de nada.

Vendo que a ligação era de Júlio, ela retornou para avisá-lo que iria se atrasar, pois voltara para apanhar o celular em casa.

– Alô! Júlio, eu vou me atrasar. Eu esqueci o celular em casa e voltei para buscá-lo.

Ele achou estranho, pois alguém havia atendido.

– Como? Quando eu liguei você atendeu, dei o recado e desliguei!

– Ah! Não fui eu! Devo tê-lo deixado no atendimento automático.

– Então, ainda bem que voltou para apanhá-lo, pois eu liguei justamente para lhe dizer que no apartamento não poderemos nos encontrar. Meus pais chegaram de viagem. Vamos nos encontrar em minha casa. Lá poderemos ficar à vontade. Não tem piscina, mas quem está preocupado com isso?

– Por isso que me ligou? Ainda bem que voltei. Eu já estava a caminho. Então me passe o outro endereço. Já estou saindo.

Ela anotou o endereço, sem se dar conta de que o celular não estava atendendo no automático como havia pensado, e na pressa nem verificou se estava certa disso.

Nesse meio tempo, Lúcio passou em seu consultório, cumprimentou rapidamente a secretária e entrou em sua sala, abrindo uma das gavetas da escrivaninha em busca de sua arma. Mas lembrou-se de que a deixava guardada no cofre atrás de um dos armários de livros. Ao abri-lo, pensou duas vezes antes de pegá-la, fixando-se mais em sua dor moral de homem traído do que no estrago que poderia causar tanto em sua vida quanto na vida de Flora e Júlio.

Fiquei surpresa com sua atitude, pois ele me parecia uma pessoa de princípios – mas até mesmo as pessoas de princípios podem perder a razão em dado momento quando são tolhidas pela raiva e pela revolta.

Os bons princípios são relevantes, porém mais relevantes ainda são o estado de equilíbrio e autocontrole quando o momento assim o exige; porque é por meio destes que conseguimos raciocinar de forma eficiente, fazer um instante de introspecção, coibindo dessa forma os instintos selvagens que por momentos se tornam mais expressivos, arraigados ao nosso passado reencarnatório.

Perguntei a Santiago o que poderíamos fazer para ajudá-lo. Ele, porém, me respondeu:

– Podemos auxiliar sem interferir diretamente no livre-arbítrio de nosso personagem em foco, mas quanto ao que ele pretende fazer com a arma isso é responsabilidade dele. Vamos falar-lhe ao ouvido. Quem sabe ele atenda aos nossos bons conselhos?

Santiago se aproximou do dr. Lúcio Motta naqueles breves segundos em que ele parou antes de pegar na arma, todavia ele pareceu não ter ouvido em sua intuição as palavras de nosso companheiro espiritual. Santiago dirigiu o olhar para a entidade que acompanhava Lúcio naquela trama sinistra; nossos companheiros que nos acompanhavam permaneciam em silêncio. Salomão, igualmente, não mencionara nenhuma palavra, apenas observava.

A entidade, porém, fez menção de recuar quando Santiago se deixou ver, pois até aquele momento não havia percebido nossa presença.

Nosso companheiro espiritual orientou-o no sentido de não permanecer ao lado do médico, muito menos de influenciá-lo a cometer desatinos os quais poderiam comprometer não só a existência atual do mesmo, mas igualmente a vida em um futuro reencarnatório e, da mesma forma, a vida do próprio obsessor, que o instigava a cometer tais desatinos, sem contar os problemas advindos das pessoas envolvidas, caso ele consumasse o que tencionava fazer.

A entidade do baixo astral tapou os ouvidos em um gesto de não querer ouvir os conselhos de Santiago e, rodopiando em torno de si mesma, retirou-se do recinto aos brados.

Era o mesmo espírito que assediava a organização psíquica de Lúcio Motta quando ele se sentiu mal no hospital, no qual fora auxiliado por padre Bento.

Mesmo com as influências benfazejas de nossos dois mentores, Lúcio cedeu à tentação e pegou a arma, fechando o cofre rapidamente, como se temesse mudar de ideia e desistir do que estava pensando.

Deixou o consultório, orientando Martha, sua secretária, para que cancelasse todos os compromissos daquela semana, pois teria de viajar às pressas por motivos de ordem pessoal.

Eu olhei para nossa equipe, um tanto inquieta por saber que o desfecho daquela história naquele dia poderia terminar em tragédia passional.

– Acalme-se, Eleonora! – disse Santiago. – As coisas, às vezes, nem sempre saem como planejadas...

Pensei comigo que ele estava se referindo à incapacidade de Lúcio em não ouvir no íntimo da consciência as orientações que procurou lhe transmitir. Santiago, doravante seu intento, parecia não ter obtido êxito no auxílio ao jovem médico, a não ser à retirada do Espírito que o obsedava.

Santiago pareceu escutar-me os pensamentos e disse-me:

– Tudo irá se sair como deve ser... Não nos preocupemos, pois há fatos em que podemos interferir quando se trata de obsessão, e outros em que devemos respeitar a livre escolha das partes envolvidas, quando estas decidem por si mesmas. Contudo, temos a obrigação de defender as pessoas de bem, que vibram em outra faixa de pensamento. Quanto às que se encontram presas nas teias da própria maldade, é responsabilidade delas o que atraem para si.

Quando o dr. Lúcio Motta deixou o consultório, o telefone tocou, Martha atendeu-o. Era Ernesto que havia ligado, perguntando pelo médico com o qual vinha fazendo tratamento. A secretária informou-o que ele deixara o consultório havia poucos minutos e que naquela semana ele não iria atender.

– Eu já ia mesmo ligar para alguns pacientes do dr. Lúcio para informá-los de que esta semana ele mudara de última hora sua agenda e que não poderia fazer consultas que já estavam agendadas.

– Ótimo! – respondeu Ernesto. – Liguei justamente para desmarcar a consulta que tínhamos para amanhã.

– Pois então, senhor Ernesto, fico de comunicá-lo sobre um novo horário na próxima semana, assim que o doutor reorganizar sua agenda. Boa-tarde, e obrigada por ter ligado.

Ernesto ficou mais tranquilo, pois se havia uma coisa que ele detestava fazer era desmarcar compromissos. Mas ele seguia seu coração. Não estava com nenhuma vontade de fazer outras sessões, encontra-se tão mais leve e aliviado depois do atendimento com pai Eusébio, que se sentia mais cheio de confiança e esperança em dias melhores. E o mais importante: aspirava integrar-se ao conhecimento da vida espiritual, isto é, dedicar-se às coisas do espírito. Aproximar-se mais de Deus, buscando conhecimentos que até então só os tinha superficialmente, sem muita convicção e fé.

Esperaria alguns dias a mais para depois cancelar completamente o tratamento psiquiátrico, uma vez que seu problema não tinha nada a ver com transtornos mentais. Sua ansiedade e seu desconforto íntimo haviam sanado. Ele se mostrava mais introspectivo, relembrando o que a entidade no núcleo afro-brasileiro havia lhe dito, transmitindo-lhe conforto, segurança e, sobretudo, feito uma higienização em sua aura, restabelecendo paulatinamente o equilíbrio dos centros de força em seu corpo físico e espiritual.

Quando Flora estava adentrando o portão da casa de Júlio, seu celular tocou. Era uma de suas amigas que ligara convidando-a para irem passear no shopping. Flora disse que adoraria fazer companhia a ela, mas naquele momento não iria poder. Seria melhor deixar para uma próxima ocasião.

Depois de desligar o telefone, Flora caiu em si, pois o mesmo não estava atendendo no automático como supunha. Então como o aparelho havia atendido à ligação de Júlio quando ela o esqueceu no apartamento? Se não estava no automático, como poderia o celular ter ligado sozinho? A não ser que alguém tivesse feito isso!

Ao entrar na casa do amante, Flora não deixou aquela preocupação de lado, motivo pelo qual Júlio indagou:

– O que houve? Você me parece preocupada com alguma coisa? Arrependeu-se de ter vindo até aqui? Ou surgiu algum contratempo a caminho?
– Não! Não é nada disso, apenas fiquei intrigada com um telefonema que recebi, melhor dizendo, não foi o telefonema que me deixou assim...
– E então o que foi? Quem ligou para você? – insistiu Júlio, curioso.
– Lembra quando disse que eu tinha esquecido o aparelho em casa e voltei para buscá-lo? Pois bem, pensei que o tivesse deixado no automático, mas para minha surpresa, quando estava entrando, ele tocou: era uma amiga me convidando para sair. Se eu tive de atendê-lo é porque ele não estava ligado no atendimento automático, porque tocou três vezes antes que eu o atendesse.
– Sim, e daí, Flora? O que tem isso de tão ruim?
– Você não entendeu. Se o celular não estava no automático é porque alguém o atendeu quando você me ligou. E somente uma pessoa poderia ter feito isso, uma vez que eu o esqueci na sala, e não tenho empregada em casa. Somos apenas Lúcio e eu.
– Você está querendo dizer que pode ter sido seu marido que atendeu quando liguei?
Flora balançou a cabeça, como sinal de que a pergunta de Júlio procedia.
– Eu não estou com bons pressentimentos, Júlio – disse Flora, visivelmente preocupada.
– Talvez seja somente uma cisma sua. Não há motivos para ficar assustada – argumentou ele. – Além do mais, aqui estamos seguros, a não ser que seu marido a tenha seguido.
– Não creio! Mas mesmo assim penso que seja melhor voltar para casa.
Flora apanhou a bolsa que deixara sobre o sofá e se dirigiu até a porta, quando Júlio a segurou pelo braço, dizendo-lhe:
– Espere! Se seu marido estiver desconfiado ou até mesmo tiver certeza de que estamos saindo, voltar para casa não irá deixá-la mais segura.
Ela deixou-se cair sobre o sofá, demonstrando nervosismo.

— Acalme-se, Flora. Se ele vir saber de nós, será melhor para todos, pois dessa forma não precisamos mais nos esconder. Passaremos a viver juntos!
— Não, não, não! Eu não quero deixar Lúcio, nem mesmo quero que ele me abandone, ainda mais por motivos de traição. Isso que estamos vivendo é só uma aventura, uma atração que não deveria nem mesmo ter começado.
— Quer dizer que você não me quer mais, que estava só se divertindo, um simples passatempo em minha companhia? — disse o amante visivelmente indignado. — Você estava me usando todo este tempo!
— Espere um instante, rapaz! — reagiu Flora, levantando-se do sofá. — Eu não disse que estava morrendo de amores por você nem que estava apaixonada. Não se faça de vítima que você não é!
— Então, você não pensa em deixar seu marido!!!
— Nunca sequer pensei nisso, muito menos mencionei qualquer palavra que desse a entender que queria me separar de Lúcio.
— E por que você está saindo comigo até hoje?
— Simples: porque eu não presto, sou uma mulher que não dá valor às coisas boas que tenho — disse a esposa de Lúcio, aos prantos. — Isso, às vezes, é mais forte que eu, sinto-me muito mal agindo assim. Na verdade não sei ao certo o que quero da vida.

Júlio ficou olhando para ela, petrificado, não entendendo a reação de Flora, que parecia ter naquele momento um ataque de moral e arrependimento diante da traição que até então não parecia incomodá-la.

Lúcio Motta chegou até a casa onde o casal estava. Parou em frente do portão. Minutos depois chegou um entregador de pizza que Júlio havia encomendado, o qual abordou Lúcio indagando-o se ele morava ali, na casa onde fora feita a encomenda.

Ele raciocinou rápido e não pensou duas vezes, dizendo ao entregador que sim; pediu a ele para anunciar pelo interfone que a pizza havia chegado, dizendo a Júlio para abrir o portão para que ele fizesse a entrega. O rapaz acatou o que ele disse e logo em seguida Lúcio tornou:

– Pode deixar, eu vou entrar e levo a pizza para o Júlio. Falta receber não é?
– Não, senhor – disse o entregador. – Júlio sempre acerta no final do mês. É só entregar mesmo. Obrigado por levar a pizza, eu estou atrasado com as entregas e preciso correr.

Lúcio apanhou a pizza e deu uma gorjeta ao rapaz, que lhe agradeceu e saiu em seguida sem fazer mais perguntas.

O jovem psiquiatra deixou o carro estacionado em frente da casa e, quando o portão se abriu, ele entrou avistando logo à frente o carro de Flora estacionado ao lado da moto de Júlio. Tomado de uma fúria indescritível, mesmo assim ele procurou controlar-se para não tomar nenhuma atitude precipitada antes da hora.

Quando ele chegou ao hall externo na porta de entrada da rica moradia, Júlio, pensando ser o entregador de pizza, levou a mão à maçaneta. Tão logo ele abriu a porta, Lúcio bateu com a encomenda no rosto dele com tamanha violência que Júlio caiu para dentro da casa, enquanto o jovem doutor sacava a arma, pisando sobre ele, que ficara sem nenhuma reação.

Ao avistar Flora, que se levantou do sofá mais assustada do que já estava, ele não quis acreditar no que via, muito menos ela. Duas grossas lágrimas escorreram de sua face contraída de tanta revolta e dor diante do quadro que estava à sua frente.

Flora parecia também não acreditar no que estava acontecendo. Enquanto isso, Júlio levantara-se lentamente e cambaleante, dizendo que aquilo era invasão de privacidade.

– Como é? – bradou o marido traído. – Quem é você para me falar em invasão de privacidade? O que você fez e está fazendo com minha mulher também é invasão de privacidade. Você está tendo um caso com uma mulher casada, minha mulher, e ainda quer me dar lição de moral?

E agrediu Júlio no rosto com a arma, o que o fez cair novamente e bater com a cabeça no canto da mesa de centro, desmaiando em seguida.

Flora entrou em pânico e desesperada tentava acalmar Lúcio, pedindo a ele para que não cometesse nenhuma atitude extremada, uma vez que isso não iria resolver. Ele por sua vez estava transtornado, chegara às vias do desequilíbrio e por outro lado dava margem às influências de outra entidade que o estava influenciando, que vibrava às escâncaras com a brutal cena do enfurecido psiquiatra. Flora não sabia se socorria Júlio, que estava desacordado, ou se tentava acalmar seu marido, que naquele momento lhe apontava a arma, dizendo querer matá-la.

Depois de aproximadamente dez minutos de discussão acalorada entre o casal, Júlio foi aos poucos recobrando a consciência, mas Lúcio Motta não notou que o amante da esposa estava voltando a si, pois se mantinha de costas para ele, sempre com a arma apontada para Flora, que não encontrava argumentos ou justificativas para o injustificável ato da traição. Ele, particularmente, não via razão para ela ter se comportado daquela forma, pois jamais dera motivos para ela vir a fazer o que fez. Embora houvesse toda aquela agressividade nas palavras e na atitude que tomou em relação a Júlio, Lúcio sequer levantou a mão para agredi-la fisicamente, ainda que mantivesse a arma em punho na ânsia de puxar o gatilho.

Porém, em um átimo de tempo, ele pensava consigo o que seria da sua vida se viesse a consumar o ato, matando-a e também ao rapaz. Se fizesse isso tudo teria acabado realmente, pois passaria longos anos de sua vida na prisão, afastado da sociedade, marginalizado, em suma, não valeria a pena estragá-la por causa da atitude traiçoeira de Flora.

Naquele momento, ele parecia cair em si não pelos insistentes apelos da mulher à sua frente, que vertia em lágrimas, trêmula e assustada, mas pelas consequências que adviriam de seus atos.

Nesse ínterim, Júlio parecia estar mais lúcido, levantando-se lenta e sorrateiramente, sem fazer qualquer barulho. Ainda titubeante, ele teve forças para pegar um vaso ao lado de onde havia caído e se aproximar do marido enfurecido, batendo com o vaso na nuca do psiquiatra, que perdeu os sentidos, deixando a arma cair sobre o carpete da sala.

Flora rapidamente afastou o revólver para longe do marido desmaiado, enquanto Júlio titubeava ainda um pouco zonzo. Ela, porém, segurou-o e ajudou-o a se sentar no sofá; logo depois foi

atender Lúcio, verificando se havia machucado sua cabeça com o golpe que recebera, mas nada de mais grave havia acontecido a ele, além de um enorme galo que levantara na região onde recebera o golpe.
— E agora, o que vou fazer? — perguntou ao amante. — Você está bem, teve algum corte na cabeça?
— Apesar do susto e da dor, estou bem — respondeu ele, passando a mão sobre a cabeça. — Você não acha melhor chamar a polícia, Flora?
— Polícia! Não, não, eles irão prendê-lo sob acusação de tentativa de assassinato e porte ilegal de arma.
— E o que pretende fazer quando ele acordar? Ele quis nos matar, invadiu minha casa, agrediu-me. Você acredita que ele irá parar por aí?
— Eu entendo a atitude dele. Afinal eu sou a culpada e não quero que nada de mal aconteça a ele. Além do mais você sabia dos riscos, sabia que sou comprometida, na verdade não devíamos ter levado nosso caso adiante. Lúcio não merecia isso!
— Bom, quero que saiba que, se quiser, poderá morar comigo.Se ele não tentar nos matar novamente, com certeza não irá querer você ao lado dele.
— Isso não estava em meus planos: separar-me do meu marido — disse ela, demonstrando imenso pesar e arrependimento. — Agora creio que tudo está acabado.
Por alguns minutos o silêncio entre eles reinou, preocupavam-se naquele instante com o que fariam quando Lúcio acordasse.
Júlio pegou a arma e tirou a munição, deixando a mesma sobre o móvel da sala. Flora por sua vez permanecia calada, tentando encontrar uma saída para a situação que ela mesma criara, embora não desejasse ou esperasse que o marido viesse a descobrir seu caso com o jovem motoqueiro, que conhecera acidentalmente.
Não demorou muito para que o silêncio que se fez entre eles fosse quebrado, pois aos poucos Lúcio Motta recobrava os sentidos. Após se levantar, o marido traído não escondeu a dor

que estava sentindo na nuca e, com a mão apoiada sobre a cabeça, olhou para os dois à sua volta e, demonstrando mais calma, disse a ela:
– Você tem até amanhã para retirar suas coisas do apartamento!

Enquanto caminhava em direção à porta de saída, Júlio se aproximou e entregou a arma a ele, condenando a atitude que teve ao invadir sua casa e ameaçá-los com arma de fogo. Era motivo mais do que suficiente para denunciá-lo às autoridades, e só não o faria em consideração a Flora.

Lúcio saiu da casa sem dizer mais nada; a pancada na cabeça parecia ter acalmado os ânimos e barrado os instintos selvagens, os quais infelizmente ainda repercutem no íntimo de muitas pessoas, em que o desequilíbrio parece ser a tônica para justificar os atos agressivos sob os quais tantos outros utilizam, fazendo valer sua reação diante das feridas morais que se abrem no coração, no que diz respeito aos relacionamentos humanos.

Felizmente nada de maior gravidade aconteceu, além dos galos, hematomas, dores morais e desilusão amorosa. Apesar do desejo que tinha de fazer "justiça" com as próprias mãos, Lúcio daquele momento em diante estava decididamente disposto a deixar Flora no passado.

Desolado, ferido e magoado, Lúcio, após atravessar o portão da entrada, foi para seu carro e saiu com rumo ignorado até chegar a um posto policial onde parou e entregou a arma, dizendo ao soldado que não queria mais continuar com arma de fogo em casa, razão pela qual estava entregando o sinistro objeto.

Depois de alguns minutos de raiva e loucura, o doutor dava mostras de uma mudança abrupta e, pelo visto, mesmo chateado, parecia atentar para sua dignidade, buscando em pequenos gestos deixar de vez o ocorrido para trás e prosseguir vivendo. Flora não se mostrou digna de seus sentimentos. Portanto, não valeria a pena se embriagar, sofrer e se amargurar por alguém que não soube respeitá-lo, quando ele somente quis dar amor, carinho e amizade.

Antes de seguir caminho novamente, ele ligou para o médico amigo, dr. Vasconcelos, perguntando se ele se encontrava ainda no hospital; em caso afirmativo, iria até ele para conversar. O médico anuiu ao telefonema de Lúcio e este foi até o hospital, onde narrou-lhe o ocorrido, obtendo do companheiro algum apoio moral, que não o confortou totalmente, mas fez com que seu desabafo o deixasse mais aliviado.

E por mais alguns dias ele permaneceu envolto naquela nuvem sinistra entre a depressão e o sofrimento moral infligido pelos últimos acontecimentos, e o que ele não sabia é que sua vida daquele momento em diante mudaria, fazendo-se mais receptivo às cousas relacionadas à Espiritualidade.

Dias depois, Ernesto procurou pelo dr. Lúcio Motta para interromper o tratamento. O médico ficou surpreso com a expressão do paciente, observando que ele parecia estar muito bem. Ernesto relatou-lhe o motivo de sua desistência, ressaltando que sua mudança se deu por causa do tratamento espiritual iniciado na Tenda de Pai Eusébio e que, desde a primeira visita, já sentira melhoras e seu problema não tinha nada a ver com psiquiatria, mas se tratava de problemas espirituais. Desejava aprender e seguir uma doutrina espiritualista, pois estava se sentindo bem.

Lúcio se recordou da conversa que teve com seu amigo Marcos Pontes e de tudo que ouvira da esposa dele. E antes mesmo que Ernesto se despedisse, o psiquiatra, um tanto pensativo e desconcertado, disse-lhe:

– Fico feliz com sua melhora, e por outro lado sinto que como médico eu não tenha conseguido ajudá-lo como supunha e, diga-se de passagem, cá entre nós, que passou por minha cabeça o pensamento de fazer experiências com você, durante seus "transes", os quais eu acreditava a princípio se tratar de epilepsia. Sinto muito, Ernesto! Perdoe-me.

– Experiência? – inquiriu o ex-paciente, intrigado.

– Sim. Mas deixemos isso de lado. Fico feliz que esteja se sentindo melhor. Você tocou em um fato que lhe ocorreu, em que você foi em busca de ajuda em uma Casa afro-brasileira. Eu também fui buscar respostas para a gravação que fiz, quando em uma

de suas "crises" mencionou sobre traição e falou em outra língua, que é estranha para nós.
— Mas dr. Lúcio, eu mal sei falar o português, como falaria em uma língua estranha?
— As coisas se encaixam, Ernesto. Devo lhe confessar que após conversar com Marcos, um velho amigo arqueólogo, e com a esposa dele, com algum conhecimento em antropologia, mostrei-lhe a gravação e ele traduziu-a para mim. Resumindo: você entrou em transe, o que chamam de transe mediúnico, em que um espírito falou por seu intermédio.
— Desculpe-me, doutor — tornou Ernesto, surpreso. — Certa vez me disse que não acreditava em tais coisas do outro Mundo. E agora me diz isso com essa tranquilidade, que um espírito falou por meio de mim!
— Pois é Ernesto... A vida dá muitas voltas e em tão pouco tempo muita coisa pode mudar para melhor ou pior. No meu caso, foram as duas ao mesmo tempo, pode ter certeza!
— Como assim? Eu não estou entendendo!
— Deixemos as coisas ruins no passado — disse Lúcio —, pensemos nas boas. Eu gostaria de conhecer esse lugar aonde você foi. É um centro espírita, não é?
— Não, não! É uma casa, um centro de Umbanda. Espiritismo e Umbanda, pelo que fui informado, são doutrinas diferentes na metodologia; mas ambas exercem a mediunidade, ajudam as pessoas, tratam da alma e do corpo. Eu também pensava que Espiritismo e Umbanda fossem a mesma religião ou doutrina, mas diferem no rótulo, porque na essência as duas promovem o bem espiritual de quem se abriga sob sua luz de amor, conhecimento e espiritualidade.

Ernesto, pelo exposto, estava aprendendo rápido, e Lúcio ainda um pouco sem jeito prosseguiu:
— Gostaria de conhecer as duas. Seria isso possível?
— Pode ser! Quanto ao Espiritismo não o conheço, mas tenho uma irmã que vira e mexe está ora lá ora cá, ou seja, visita e tem amigos em um núcleo espírita e também no umbandista. Desculpe-me, dr. Lúcio, noto que há certa nostalgia em seu semblante.

Aconteceu algo de grave a ponto de querer ir conhecer a respeito das coisas espirituais pelas quais demonstrava certo desprezo e ceticismo?

Ernesto fitou-o por alguns instantes e concluiu:

– Ótimo! Dr. Lúcio, eu me informarei com minha cunhada sobre o melhor dia para que possa ir conosco à casa de Umbanda e depois veremos quando pode ir ao centro espírita.

Lúcio pareceu menos cético, pois o seu desejo de conhecer a respeito de uma doutrina e outra já era indício de que algo novo estava nascendo dentro dele. Os últimos acontecimentos que marcaram sua vida sentimental e as informações que obtivera de seu amigo Marcos Pontes, juntamente com a gravação durante o "transe" de Ernesto, fizeram com que ele se interessasse ao menos pelas cousas espirituais, de que até então descria.

Apesar da dor de ter sido traído pela mulher que tanto amava, o dr. Lúcio Motta ainda nutria um grande sentimento por ela, mas essa decepção teria de dar lugar aos seu novos projetos, dos quais o Espiritismo fazia parte, e também a curiosidade pelas TVPs – Terapias de Vidas Passadas –, algo que jamais lhe interessara antes.

Em seu pensamento, Flora não deveria ser nada mais que uma triste e amarga lembrança, e, na tentativa de preencher o vazio que lhe restaria, aliar o conhecimento espiritual ao seu conhecimento psiquiátrico seria um novo mundo a se descortinar para ele, mudando radicalmente sua maneira de pensar e sentir.

A chegada de Ernesto ao seu consultório não fora obra do mero acaso; o destino de cada um possui caminhos que muitas vezes levam para outros, e estes levam a um objetivo maior na vida. Contudo, a atitude de Flora não pode ser classificada como um resgate, ou obra do destino, como se assim devesse acontecer, mas uma questão de escolha por parte dela, que agiu ao influxo de seu próprio caráter, fazendo mau uso do livre-arbítrio.

Muitas vezes, para se chegar a um determinado lugar, se faz necessário passar por caminhos sinuosos, viver experiências amargas que moldam nosso caráter, despertando em nós sentimentos nobres e iluminados que nos ajudam a melhorar nosso modo de ser.

Em realidade, não é preciso passar pela dor, entretanto ela se apresenta em nossa caminhada não para nos fazer exatamente sofrer, mas para nos ensinar algo.

De Onde Menos Se Espera

Os meses haviam se passado desde que Lúcio demonstrou interesse em conhecer a Doutrina Espírita e paralelamente a religião afro-brasileira.

Nesse ínterim ele já havia conversado com o preto velho Pai Eusébio, que o ajudara a fazer uma limpeza perispiritual, harmonizando então seu campo energético, possibilitando-lhe pensar e agir com maior maturidade, apaziguando o golpe sofrido e as influências nefastas de que se fez objeto.

Antes de fazer tratamento no núcleo umbandista, ele assistira a duas palestras no Centro Espírita, evento este que lhe chamou a atenção, e sentia que algo novo estava nascendo dentro de si.

Mas movido ainda pela necessidade e curiosidade, foi nas palavras de um preto velho que ele se sentiu mais à vontade para falar sobre seus problemas, pois queria ficar reservado, centrar-se para posteriormente escolher qual caminho seguir. Ao cabo de 90 dias, a entidade na figura de um escravo desencarnado orientou-o a seguir o caminho que lhe estava reservado, pelo qual ele poderia ser mais útil, deixando-o à vontade para retornar quando quisesse. Uma vez que o preconceito não existe entre os espíritos, simplesmente o que pode acontecer é a forma de trabalho; portanto, sendo para o bem e o progresso das pessoas, as entidades espirituais, seja nas religiões afro-brasileiras, seja no Espiritismo ou em outra doutrina, interagem e se ajudam mutuamente, sem orgulho ou preconceito.

Ernesto passou de paciente do dr. Lúcio Motta a um grande e fiel companheiro do jovem psiquiatra. Ambos estavam agora, apesar do pouco tempo de tratamento, encontrando harmonia, segurança e sede de conhecimento espiritual. O ex-paciente de Lúcio, no entanto, sentiu que a Casa Afro-brasileira seria seu posto de crescimento e trabalho espiritual, razão pela qual decidiu permanecer ali na simplicidade do local, porém simplicidade com muita energia e fraternidade, sentindo-se aconchegado; não que não sentira o mesmo pela Doutrina Espírita, porém cada indivíduo pode abraçar uma causa sem desmerecer a outra; pode seguir determinado caminho para Deus, sem se abster dos conhecimentos hauridos em livros de outra corrente filosófica ou doutrina que também leva a Deus.

Lúcio, por sua vez, estava vibrando em outra faixa de pensamento, mas essa mudança não podia ser sentida da mesma forma na área dos sentimentos. Flora vez e outra ainda surgia em sua lembrança, no entanto não encontrava outra alternativa a não ser deixar que o tempo se encarregasse de minar o que ainda restava de seu amor por ela.

Ele se entregou de corpo e alma às atividades do Centro Espírita, motivado que se encontrava em aliar ciência à espiritualidade e vice-versa. Agora entendera que muitos dos transtornos psíquicos, na realidade, têm uma causa espiritual negativa atuando.

Passado algum tempo, Lúcio foi surpreendido pelo destino. Quando deixava certa manhã a clínica de um amigo na qual fora fazer exames de rotina, eis que vê deixando o mesmo local, saindo da ala de ginecologia, sua então ex-mulher. Ao vê-la, escondeu-se para que ela não o percebesse. Notando, todavia, que a ex-esposa dava mostras de gravidez, por alguns segundos permaneceu ali, observando-a até que ela deixasse a clínica.

Por um instante ele corou. Não se sabe se foi de decepção, de mágoa, de amor ou dúvida... Sim, pois passou pela sua cabeça que o filho poderia ser seu; imaginou que, pelo tamanho da barriga de Flora, ela poderia estar de cinco meses de gestação, presumíveis, período este em que ambos haviam se separado.

Depois desse fato, dirigiu-se para fazer seus exames e na volta passou na ala de ginecologia. Como quem não queria e não sabia de nada, foi até a sala do médico ginecologista que também era um colega de faculdade.
– Você sabe quem acabou de sair daqui? – indagou o médico.
– Quem? – perguntou Lúcio.
– Flora!
– Na verdade eu a vi quando estava entrando. Você não é psicólogo nem psiquiatra, mas já deve ter percebido que esta não foi apenas uma rápida visita de cortesia.

Lúcio então lhe expôs a causa de sua repentina preocupação.

O colega, então, muito gentil, informou-lhe que Flora esperava um filho de Júlio.

Lúcio balançou a cabeça, talvez mostrando-se aliviado, pois um filho a essas alturas só iria deixá-lo vinculado a Flora; apesar de não haver mais nenhuma chance de os dois reatarem, ambos passariam a manter contato constante. Ainda era muito cedo para que ele deixasse de vez a mágoa, pois a ferida ainda não havia cicatrizado por inteiro.

O jovem psiquiatra deixou a clínica pensativo, pois as reminiscências do passado não muito distante afloraram em seu íntimo. E para não baixar seu padrão vibratório, procurou silenciar por alguns instantes, refugiando-se na prece para não deixar que aquele sentimento de mágoa interferisse em seu estado emocional mais do que já havia interferido.

No fim de semana, ele fora convidado por um dos companheiros de grupo para assistir a uma palestra em uma Casa Espírita coirmã. O palestrante da noite abordaria o tema sobre Psicologia e espiritualidade, mas, 30 minutos antes do início, o responsável pela instituição recebera um telefonema dizendo que o palestrante sofrera de súbito uma crise renal e foi prontamente hospitalizado, nada de muito grave, pois, apesar das dores, o seu estado clínico geral era bom.

Fazia exatamente 15 minutos que Lúcio Motta e seu amigo haviam chegado à Casa Espírita, onde mantinham conversação a respeito das cousas relacionadas à Doutrina, quando o presidente da instituição, que já o conhecia, comentou o que havia se passado com o orador daquela noite. Nesse ínterim, Ernesto, que mesmo sendo trabalhador em uma Casa afro-brasileira já mantinha amizade com alguns companheiros espiritistas, pois tomou gosto em assistir às palestras doutrinárias, ao chegar cumprimentou os três companheiros que conversavam à porta de entrada da instituição.

Nossa equipe espiritual, composta por Cínara, Pedro, Félix, Valéria e Clara Nogueira, na companhia de Salomão e Santiago, chegou com Lúcio.

O mentor Santiago se aproximou de Ernesto, que, inteirado do ocorrido, intuitivamente recebeu os pensamentos do nobre mentor espiritual, olhou para o dr. Lúcio e comentou:

– É sua área: Psicologia e Psiquiatria se complementam...

Lúcio olhou para ele, pensando tão somente ser um simples comentário, enquanto Salomão, nosso outro instrutor espiritual, falou algo ao ouvido de Lúcio, dando a entender o que Ernesto estava querendo lhe dizer naquele momento.

O presidente da casa, olhando para ambos, deu um leve sorriso e se dirigiu a Lúcio, dizendo:

– Você não substituiria o palestrante desta noite? Há muitas pessoas no salão e com seus conhecimentos na área da Psiquiatria, aliada à Doutrina Espírita, ajudaria no desenrolar do tema a ser abordado, ou se preferir poderá tratar de outro tema relacionado à espiritualidade.

O psiquiatra olhou para os companheiros à sua frente argumentando que nunca havia feito nenhuma palestra espírita, conquanto já houvera participado de seminários sobre Psiquiatria e por duas vezes apresentara suas teses e algumas experiências dentro de sua carreira como médico.

– Bem, eu sou novo dentro da Doutrina, mas poderei usar meus parcos conhecimentos sobre Espiritismo para abordar as causas das perturbações cujas raízes vão além da área da Psiquiatria propriamente dita.

Ernesto sorriu e disse-lhe:

— Se preferir, meu jovem amigo, poderá usar meu caso como exemplo!
— Sim, pensei nisso, Ernesto! Eu iria mesmo pedir sua permissão para usar não só o seu, mas o meu caso como exemplos, digo meu caso porque também envolve você, contudo sem citar nomes. Acredito ser de suma importância os caminhos pelos quais a vida nos leva ao aprendizado, muitos dos quais não estão circunscritos entre quatro paredes de uma faculdade, em se tratando do psiquismo do espírito humano.

O presidente da instituição subiu na tribuna para informar aos presentes o que acontecera ao companheiro que faria a palestra, apresentando logo em seguida o dr. Lúcio Motta, que humildemente aceitara o inesperado convite para falar naquela noite.

A casa estava cheia. Lúcio se mostrava tranquilo e, tão logo se postou atrás do microfone, sentiu algo diferente envolvendo-o: era a energia benéfica de nosso mentor espiritual Salomão, que o auxiliaria pelos fios da inspiração no desenrolar da palestra.

Depois daquela noite, o dr. Lúcio Motta jamais deixara de fazer suas explanações em público. Surgiu um convite aqui e outro ali, e em pouco tempo era um dos expositores mais requisitados no Rio de Janeiro e em outras cidades.

Com sua forma simples, porém com profundidade, tocava o âmago de quem o ouvia. Apresentava temas às vezes polêmicos ou considerados "tabus" no movimento espírita, sempre despertando o raciocínio e a consciência das pessoas. Ele assimilara muito bem e rápido o pensamento espírita.

Não se portava como homem bonzinho, querendo esconder seus defeitos, no entanto o fazia com espontaneidade, dizendo-se também carecedor da compreensão alheia.

Nossos instrutores Santiago e Salomão nos fizeram ligeiro, mas precioso, comentário em torno dos novos acontecimentos que envolveriam Lúcio Motta e Ernesto, diante da caminhada espiritual que ambos recentemente adentraram, por meio do fator dor.

Aqueles que tanto falam em obsessões, apontando este ou aquele companheiro de ideal como um obsedado ou desequilibrado por estar vendo as coisas sob outro ângulo, por estar fazendo a diferença e não a mesmice, como se a Doutrina dos espíritos não fosse progressista; como se a mesma tivesse de viver dentro de "dogmas" criados por aqueles que pensam ser seus defensores, quando na realidade se tornam a pedra no caminho na evolução de si mesmos e da Doutrina que abraçaram. Estes sim deveriam ser os primeiros a se candidatar ao tratamento desobsessivo e auto-obsessivo e, por que não, psiquiátrico!!!

Os meses iam se passando e o dr. Lúcio, agora palestrante e estudioso do Espiritismo, dava sua contribuição ajudando não só com palavras, mas igualmente com suas terapias como médico em benefício daqueles que se mostrassem presos aos grilhões da obsessão e da loucura propriamente dita.

Mediante seu trabalho e crescimento espiritual, fora destinado a ele um espírito amigo e eloquente que o acompanhava em suas tarefas como expositor. Em realidade, essa entidade aguardava oportunidade para auxiliá-lo na área da Psiquiatria, em trabalhos futuros... Era um espírito dotado de muita força magnético-espiritual, conhecedor do sofrimento alheio. Diante da claridade que o envolvia, era de se notar que se tratava de um espírito com certo grau de evolução. Isso não significa que o mesmo seria de alta envergadura espiritual. Nesse meio tempo, a sensibilidade de Lúcio aumentou e o véu caiu de seus olhos espirituais, desenvolvendo então sua vidência de forma espontânea, e será bom ressaltar que não se tratava de vidência constante e ampla, porém esporádica e restrita.

A entidade ora se lhe apresentava à sua visão como um velho indiano, ora como um escravo africano. Sem se dar conta de que se tratava do mesmo espírito em encarnações distintas, Lúcio se punha a perguntar o porquê de um e outro se "revezarem" durante suas palestras e na assistência dos espíritos encarnados aos quais dedicava parte de seu tempo, quando não estava em seu consultório trabalhando, no ganho de sua própria subsistência.

O jovem psiquiatra e orador espírita levou o caso ao conhecimento de um dos companheiros da casa em que mantinha suas atividades, uma senhora distinta, médium excepcional, com mais de 40 anos dedicados à causa do bem. A vidente já havia identificado a presença do orientador espiritual que acompanhava Lúcio Motta nas explanações doutrinárias, mas vendo-o somente com a aparência de um indiano, que denotava paz, sabedoria e conhecimento sobre os temas abordados nas palestras que ele expunha com muita naturalidade e clareza.

Ernesto, tomando conhecimento do fato, não soube de pronto sanar a dúvida de Lúcio quanto às "duas" entidades que o assistiam em seus labores espirituais, aconselhando-o que, se assim o desejasse, poderia fazer uma consulta com Pai Eusébio, entidade amiga da qual recebera muita ajuda antes de adentrar para o Espiritismo.

Mas, antes disso, ele fora convidado para falar em um Centro Espírita, não muito distante da casa em que participava. Eram centros nos quais a maioria se conhecia, dadas as amizades e os trabalhos que realizavam em conjunto, como uma associação que reunia os demais centros espíritas dentro daquela área federativa em que estavam afiliados.

Na verdade, era um encontro, um seminário em que se reuniam pessoas de várias outras regiões, e para o qual muitos expositores foram convidados para o evento daqueles três dias de estudo, convivência e permuta de informações edificantes em torno da Doutrina.

Diante do tema *obsessões complexas*, abordado na palestra daquela noite, embora toda obsessão tenha sua complexidade, Lúcio falou sobre magia negra, portais, pretos velhos e religião afro-brasileira, enaltecendo sem preconceitos a importância de tais filosofias que visam ao bem-estar do semelhante, ajudando-os a se limparem fluídica e energeticamente das energias deixadas pelos espíritos do astral inferior, e também das pessoas simples portadoras de mediunidade ostensiva que prestam a caridade ao próximo, cuidando das feridas morais, espirituais e físicas daqueles que as procuram. E iniciou sua palestra primeiramente com o tema: De onde menos se espera.

"Era uma viela, as casas pareciam juntas, o espaço entre elas era curto. Na esquina residia a moradora mais ilustre do bairro. Uma figura de mulher; terna e afável, uma boa alma; simples e ao mesmo tempo dona de uma riqueza incomparável. De aspecto franzino e de passos lentos, recebia a todos com zelo e carinho. Ajudava muitas criaturas.

Quando alguém deixava sua casa, ela dizia para que aguardasse um pouco mais, antes de sair portão afora, e ia até o canteiro do jardim, colhia uma flor e a oferecia ao visitante.

Morava ali em uma casinha branca, que se destacava entre as demais; não pela cor, mas pelo aroma suave vindo de seu pequenino jardim, que exalava uma fragrância toda especial. E em meio a este podia se encontrar a mais popular e querida moradora da redondeza, que todo fim de tarde lá estava a regar alguns de seus únicos companheiros, além dos gatos: as rosas, os cravos e jasmins e mais ao fundo um pé de alecrim e um pé de arruda, que também eram tratados com todo esmero e respeito. Ermínia. Era assim que ela se chamava.

– Boa-tarde, dona Ermínia.

Cumprimentavam-na todos que a conheciam quando passavam em frente do seu modesto casebre.

De semblante calmo, corpo franzino, ela punha-se a conversar com todos que a procuravam. Seus conselhos eram muito simples: para que as pessoas se respeitassem umas às outras. Ela sempre colocava panos quentes quando alguém se sentia incomodado em sua suscetibilidade.

Rezadeira ou médium por excelência, benzia, entre outros males, contra mau-olhado, erisipela e lombriga assustada.

– Deus é quem cura, meu filho. Eu só intermedeio!

Assim dizia ela quando lhe agradeciam por um benefício recebido.

Certa vez, dona Ermínia caiu de cama. Os mais céticos se perguntavam ironicamente:

– Se ela cura realmente, por que razão fica doente?!

Ela, porém, respondia com humildade:

– Eu não tenho privilégios por querer ajudar aqueles que me buscam. Um médico, quando adoece, não prescindirá da ajuda de outro médico para que sua saúde se restabeleça! Nenhum de nós pode se julgar autossuficiente!!!

Naquele subúrbio da cidade grande não havia quem não tivesse alguma vez recorrido ao auxílio da *rezadeira*. Até mesmo os homens e mulheres tidos como de vida devassa recorriam à velha Ermínia na esperança de que ela pudesse aliviá-los de alguns males...

Indagada pelos adjacentes do bairro sobre o porquê de cuidar daquela gente, que segundo diziam levavam uma vida boêmia e profana, ela respondia com sabedoria, bondade e imparcialidade:

– O maior mal que essas pessoas praticam é contra elas mesmas, está dentro delas, e esse eu não posso curar; é obra do tempo, do esforço pessoal. Entretanto, o que estiver ao meu alcance, ah, sim, isso eu devo e quero fazer para ajudá-las. Não me importa a cor, a crença, se são de vida dissoluta ou cristã, bons ou maus. A mim importa somente auxiliá-las de alguma forma, e a forma que tenho é esta: benzendo-as. Uma vez que o que são por dentro é o que mais lhes pesa ou alivia a alma...

Em um certo dia, no início de mais uma tarde, parou em frente da sua casa um veículo que parecia ser do último tipo. Desceram dele três pessoas discretamente bem trajadas, sendo que uma delas era um homem alto, branco, aparentando meia-idade, acompanhado de duas distintas senhoras.

Bateram palmas em frente ao portão, e uma das vizinhas que a ajudava prazerosamente na organização da casa e no dar de comer aos gatos os atendeu sem demora.

– Boa-tarde, senhora – cumprimentou a mulher que aparentava ser a mais jovem. – Eu sou Josebel. Nós gostaríamos de falar com dona Ermínia. Ela está?

– Sim – respondeu a vizinha, prestimosa. – Não sei se ela poderá atendê-los, mas entrem, por favor. Vamos perguntar a ela.

Os três visitantes chegaram até a soleira da sala, onde de um contíguo quarto dona Ermínia apareceu, apoiada em uma bengala.

– Boa-tarde, vovó Ermínia. Como está? – perguntou Josebel, que já havia estado ali outras vezes.

– Eu estou bem, graças a Deus! E a senhora, como tem passado? Faz tempo que nós não nos vemos.

Dona Ermínia ainda se encontrava em convalescença, embora demonstrasse mais vigor que o visitante desconhecido, que acompanhava as duas mulheres.

Conversa vai, conversa vem, Josebel apresentou à médium o casal de amigos:

– Este é o doutor Roberto, aquele de quem lhe falei na última vez em que estive aqui, e essa é sua esposa, Carmem.

Dona Ermínia estendeu a mão trêmula e enrugada dando as boas-vindas ao casal, convidando-os em seguida para que se sentassem no sofá surrado sobre o qual recebia suas visitas.

Tão logo haviam se sentado, Josebel passou a relatar o motivo daquela visita, dizendo que não estava precisando de nada, um vez que, depois de ser atendida por ela, sua melhora fora expressiva, voltando assim às atividades profissionais das quais há muito permanecera afastada, mas que o esposo da amiga, o dr. Roberto, estava carecendo de uma ajuda.

Algo sem jeito, o médico foi logo explicando o motivo que o levou a procurá-la, atendendo assim ao convite de Josebel; mostrou-lhe em seguida a perna esquerda que trazia uma ferida aberta, a qual nem mesmo os medicamentos da medicina moderna conseguiram até aquele momento curar. Seus colegas de profissão também não sabiam mais o que fazer para ajudá-lo. Um deles chegou até a sugerir, em última hipótese, que parte da perna fosse amputada, acima de onde a úlcera estava localizada.

Com um ar sereno e um misto de descontração, dona Ermínia disse:

– Eu é que deveria ir até o doutor, e o doutor é que vem a mim!

Todos sorriram descontraídos.

Em um pequeno cômodo que era seu quartinho de orações, que dava para a área dos fundos, anexo à casa, dona Ermínia os fez sentar novamente. E, saindo um instante para fora, dirigiu-se até o canto do pequeno jardim e apanhou três galhinhos de arruda e três de alecrim e, de rosário na mão, voltou para o interior do quartinho, percebendo de pronto que Carmem, a esposa do doutor, chorava em silêncio.

Ninguém sabia que mistério envolvia aquele ambiente, que deixava as pessoas com uma certa leveza no corpo, seguida de uma emoção gostosa, que às vezes fazia até mesmo o coração mais endurecido se emocionar e os olhos verter lágrimas.

A esposa do médico, no entanto, procurou disfarçar e enxugou discretamente o pranto.

Dona Ermínia só olhou, sorriu e, não resistindo, aludiu:

– Não precisa ter vergonha, senhora Carmem. As lágrimas purificam a visão.

Carmem, que tinha as suas mãos entre as do marido, sorriu sem nada dizer.

– Que ferida é essa dona Ermínia, que nem meus colegas da medicina nem eu conseguimos curar? Qual é o problema? – perguntou o dr. Roberto, cismado com o súbito silêncio da rezadeira diante da ferida que nos últimos dias só fazia aumentar e doer.

– O problema eu não sei, doutor – respondeu ela, olhando firme em seus olhos –, mas sei o remédio!...

– Ah, é? E qual seria esse remédio? – tornou o médico curioso.

– Um deles é a fé, o outro é a caridade, o amor, doutor! – disse dona Ermínia, humildemente.

– Como assim, dona Ermínia? – perguntou Carmem, interessada na resposta da velha senhora.

– Eu explico. O senhor não atende pessoas de graça, não é mesmo? Os doentes precisam pagar muito para ter uma consulta com o doutor; seus pacientes são pessoas de dinheiro, eles o procuram por causa de sua especialidade e do prestígio que possui junto à classe médica. Entretanto, muitos outros gostariam de ser atendidos pelo senhor, mas infelizmente não podem pagar, pois muitas vezes não têm dinheiro nem mesmo para comprar um litro de leite para seus filhos. Eu falo alguma inverdade?

O dr. Roberto, médico conceituado, baixou o olhar ante as explicações de dona Hermínia, que parecia estar vendo o que se passava na vida dele.

Ele, um tanto desconcertado, meneou a cabeça, em sentido negativo à indagação que ela fizera.

– Pois é, meu filho. Não se iluda. Ser médico, como bem sabe, é ser também sacerdote da medicina. Não se pode pensar somente em bens materiais. Precisa praticar a caridade.

O dr. Roberto, Carmem e Josebel se entreolharam, e a anfitriã, antes de se retirarem, dando por encerrada aquela primeira *reza*, pediu para que voltassem outras vezes.

Percebia-se no semblante do rico doutor o início de uma transformação quanto à sua postura médica, que até então atendia a quem pudesse pagar por seus serviços.

O "ritual" da reza de dona Ermínia se prolongou por três semanas consecutivas, ao mesmo tempo em que ela colocava sobre a chaga, enquanto *benzia*, um pozinho misterioso, que não quis revelar o que era.

Antes de fazer a última reza, a ferida da perna, que há meses não via solução, já se encontrava na fase de cicatrização.

Surpreendido, grato e feliz, o dr. Roberto meteu a mão no bolso da calça e tirou a carteira e, antes mesmo que ele a abrisse, dona Ermínia se adiantou:

– Nem pensar, doutor. Guarde a carteira. Não faço isso por dinheiro, mas pelo compromisso que tenho com Deus de ajudar, com o *dom* que Ele me emprestou, a todos os viventes que Ele coloca em meu caminho. E olha que já se vão 68 anos, hein?

– Mas, dona Ermínia...

A rezadeira, porém, interrompeu-o novamente:

– Quer ser grato? Permita-me uma sugestão: compre com seu dinheiro um pouco de alimento para aqueles que estão sem pão e sem leite para dar aos filhos, sem agasalho e sem remédio para tratar da enfermidade de que foram acometidos.

Dona Ermínia, depois de breve intervalo, quebrou o silêncio e fez a deixa:

– Essa enfermidade em sua perna é apenas um chamado, doutor. Deus o chama para servir aos necessitados. Não pede, entretanto, que abandone seu consultório particular e seus pacientes, mas que tire um tempo para socorrer aquelas criaturas que não podem pagar por uma consulta, uma vez que nem possuem nada para dar aos filhos, seja no almoço ou no jantar para que possam matar a fome. Isso foi para lhe mostrar que em uma velha simples e ignorante existe uma ciência a qual nem mesmo seus estudos acadêmicos conseguem ou podem explicar. Tudo é obra de Deus. Aprenda a amá-Lo, doutor, na pessoa dos mais humildes e infelizes, servindo a todos quantos puder sem nada exigir em troca. Deus tem sido tão bom com o senhor, doutor. Na vida nunca lhe faltou nada, a não ser a dedicação às obras sociais, ajudando com o sacerdócio da medicina, entre outras maneiras, nossos irmãos que vêm na retaguarda, carentes de tudo.

Extremamente emocionado, o médico se despediu, regressando uma vez e outra, apenas para fazer-lhe uma visita de amigo para amiga.

Dona Ermínia. Que ser humano!!!

Seria ela uma santa? Uma médium? Uma bruxa? Certamente que não! Médium magnetizadora, sim! Era uma simples mulher que vivia no mundo, mas parecia não pertencer a ele. Seu nome? Dona Ermínia. Estaria ela na lista de canonização ou beatificação? Não! Nem poderia. Essa questão só a Deus pertence.

Na última vez em que o doutor a viu, disse estar preparando uma surpresa para ela, da qual iria gostar muito.

Não teve tempo de dizer-lhe o que era, porque semanas depois a rezadeira Ermínia havia desencarnado.

Semblante sereno, embora a tez se mostrasse lívida, parecia estar dormindo... Não demorou muito e o dr. Roberto inaugurou um lar de amparo e tratamento médico para as pessoas menos favorecidas, atendendo assim os moradores daquele subúrbio.

Era essa a surpresa que desejava fazer à velha rezadeira, acompanhada de uma segunda surpresa. No frontispício da instituição estava grafado em alto-relevo: **"Lar da Fraternidade Dona Ermínia"**.

O que Lúcio estava procurando fazer era chamar a atenção de todos, enaltecendo o trabalho com humildade, algo que ele percebia que muitos espíritas estavam se esquecendo, ao se preocuparem mais com o intelecto do que com a transformação moral. Pois conhecimento sem prática é como terra improdutiva, as boas sementes não germinam!

Na verdade, ele não fugira do tema inicial, porém, mesmo sem se dar conta, passou a fazer referências sobre os temas citados, de forma que nem ele mesmo conseguiu controlar, pois no meio da palestra a entidade espiritual assumiu o controle parcial de suas faculdades, incorporando-se a ele, perispiritualmente falando.

Porém, a fala não era costumeira da incorporação dos chamados pais velhos; ele falara de forma simples, com um misto de retórica, profundidade e simplicidade

Nesse ínterim, vi o perigo no qual o dr. Lúcio Motta estava incorrendo e me dirigi aos nobres instrutores Salomão e Santiago, que se mostraram satisfeitos com o que viram e ouviram pelo palestrante.

Nossos outros amigos, Valéria, Cínara, Pedro, Félix e Clara Nogueira, se mostraram também admirados e preocupados com o rumo que as coisas estavam tomando. E Lúcio poderia ser mal compreendido pelos companheiros de ideal espírita, ao abordar em um seminário assuntos que não fazem parte do corpo doutrinário, "dentro da proposta" de Allan Kardec.

– Deixemo-lo falar – disse Santiago. – Não há com o que se preocupar, Eleonora. A Entidade sabe o que está fazendo.

– Mas ele está falando de coisas e situações que comumente não se comentam no meio espírita...

Salomão interveio, interrompendo-me as conjecturas e preocupações pertinentes ao exposto.

– O Espiritismo, Eleonora, é doutrina para o povo e não somente para uma elite ou para aqueles que só veem nela "um curso" a mais para enriquecer o intelecto de conhecimentos, sem mudar a casa mental, a postura diante da própria existência.

– E por que razão a entidade que o assiste colocou-o em saias justas diante de tantas pessoas, muitas delas responsáveis pelo movimento espírita local? – perguntei, sem ainda entender o que se passava.

– Nós, Eleonora – disse ele –, e dona Ermínia, humildemente os espíritos desencarnados conscientes e cientes do dever, buscamos a unificação; que todos se irmanem no ideal de crescimento e progresso espiritual. E buscamos essa interação nos mais variados setores em que haja homens e mulheres de boa vontade, caráter, amor e espiritualidade. O que ocorre é que muitos de nossos irmãos espíritas se acomodaram, e valorizam mais a letra do que a mensagem que ela traz, principalmente neste instante, em que a seleção está sendo feita e as trevas fazem de tudo para ganhar terreno, pois neste planeta muitos dos encarnados e desencarnados que aqui estagiam não mais voltarão para cá!

– Sim! Mas o protetor de Lúcio, utilizando-se de suas faculdades, está falando de outros conceitos e formas que, no movimento, muitos não apreciam – eu disse a Salomão, ainda intrigada.

– Tenha calma! Nosso escopo não é agradar aos encarnados e desencarnados; nosso trabalho não consiste em passar a mão na fronte de espíritos na carne ou fora dela, mas o de informar, orientar e ajudar o que estiver ao nosso alcance e em conformidade com a Lei Universal – sentenciou Salomão em tom grave, mas sem perder a bondade. – E não nos esqueçamos de que, desde a Atlântida, a Lemúria e o Egito, as forças espirituais por meio da magia sempre existiram, pelo veículo que hoje denominamos de mediunidade. Embora muitos a utilizassem para o bem, outros, no entanto, descambaram para o uso indevido no conluio com as trevas, surgindo os magos negros. Allan Kardec estudou e catalogou os fenômenos, desde Hydesville até os últimos anos de sua estada neste mundo, deixando orientações seguras quanto à sua utilização. Contudo, devo dizer que a mediunidade não era patrimônio de Kardec, é patrimônio do espírito imortal, e assim nossos irmãos na África, apesar dos excessos cometidos em rituais primitivos, sabiam fazer uso da mediunidade dentro de seus cultos, reconhecendo a existência de um Ser Superior e seus intermediários, denominados de orixás. Trazidos mais tarde para o Brasil, fundaram os cultos nas senzalas para não perder sua identidade com as terras africanas, as quais foram obrigados a deixar para trás, aprisionados pelo homem branco. Portanto, antes mesmo de Hippolyte Léon Denizard Rivail nascer, os negros já praticavam a mediunidade em terras brasileiras. Por isso, a magia deles e o respeito por todo ser vivente e como cultores da natureza remetem a conhecimentos que, se para alguns são desnecessários e ineficientes, para outros são forças vivas manipuladas por espíritos de sabedoria, amor e irmandade, fatores estes que, infelizmente, não temos visto em todos os cantos no meio espírita, entre aqueles que se dizem espíritas. A forma não é nada, o importante é o efeito que ela atinge, se for para o bem do semelhante, no socorro aos espíritos necessitados de luz. Que importa a filosofia, a religião, o ritual ou o não ritual na prática do bem! Umbanda, Candomblé e Omolokô, estes dois últimos especificamente, a seu turno, têm suas raízes na ancestralidade africana, que é o "berço" da sociedade brasileira, e quiçá do mundo.

"Seus conhecimentos sobre as questões espirituais podem e devem ajudar a muitos médiuns espíritas no fortalecimento do fator medianímico, na potencialidade da alma que é tão pouco explorada. É verdade que muitos dentro das religiões afro-brasileiras mancham o nome e os ritos dessas veneráveis *filosofias*, fazendo um comércio exacerbado pela religião, e praticando feitos que não têm sua aprovação junto aos orixás e instrutores espirituais. Esses, portanto, não são umbandistas de verdade, nem candomblecistas autênticos nem mesmo do culto Omolokô legítimo. São párias que se utilizam da religião prestando um desserviço a ela, e igualmente à evolução de si mesmas. Há necessidade de que as pessoas voltem o olhar para essas religiões, agora de forma mais consciente, de modo a desmistificar o conceito errôneo que se criou ao longo de décadas, em torno e dentro delas. O ser encarnado precisa se conscientizar de que o corpo humano faz parte da natureza, e essas religiões são cultoras dela; em primeiro lugar Deus, mas elas têm muito a ensinar para aqueles que apenas veem a vida sob o prisma da intelectualidade, como acontece a muitos espíritas e aos pseudointelectuais. Não queremos com este exposto atacar os espíritas, pelo contrário, mas chamá-los à realidade... O respeito que nossos irmãos das religiões afro-brasileiras têm pela vida e pela natureza é um exemplo a ser seguido por muitos que os consideram como sendo atrasados, místicos e sem cultura. Triste e lamentável engano, pois os servidores fiéis de Deus e da espiritualidade amiga também se encontram fora das fileiras do Espiritismo. Pensemos melhor a respeito!"

Salomão fez breve pausa, observando nossa reação diante do que estava expondo, pois era o que o médium Lúcio Motta em "transe" mediúnico falara aos presentes naquele momento.

Félix pediu licença, por causa do breve silêncio do caro orientador espiritual, e disse:

– Eu já havia gostado do que presenciei na Tenda de Pai Eusébio, na primeira vez a que lá chegamos. Contudo, as religiões afro-brasileiras ainda estão "presas" às coisas que na Doutrina Espírita são dispensáveis. E como ficam tais companheiros espiritualistas depois que deixam o veículo físico e retornam à espiritualidade?

– Oportuna sua indagação e observação, caro Félix! – respondeu Salomão. – Mas convenhamos que nós, nosso pequeno grupo em excursão, não conhecemos as furnas do mundo invisível, tampouco seus asseclas, muito menos o que eles utilizam para fazer valer sua vontade no Astral inferior, estendendo suas atividades nefastas sobre a Terra, onde encontram vasto campo para pôr em prática seus planos sombrios, utilizando-se de homens e mulheres, médiuns inconscientes, para perpetrar seus planos de ação. Como combater tais atividades sombrias, de magia negra, sem o devido conhecimento de causa, por conseguinte sem os recursos necessários?

Mais uma vez ele fizera breve intervalo, observando a expressão de nosso olhar, e prosseguiu:

– Embora muitos outros médiuns tenham conhecimento de causa a respeito do que fazem, partem para o lado obscuro da magia negra, usando o nome de Umbanda, Candomblé, Omolokô e outras denominações para fazer valer seus interesses mesquinhos, viciando espíritos encarnados e desencarnados também comprometidos com a Lei de Causa e Efeito. Os elementos utilizados pelos médiuns do bem, que não são espíritas, são recursos e manipulações de grande carga fluídica, que, embora não sendo utilizados no Espiritismo, não significam que estão contrariando a Lei. Se for para o bem, que mal tem? Não que estejam "presos" a tais, servem destes sem se apegar à forma, mas ao fundamento com que esses recursos de imantação fluídica lhes proporcionam no êxito de seus trabalhos. Cada um serve no ambiente e meio em que foi convocado a trabalhar. Devo dizer ainda que *O Livro dos Médiuns* oferece as orientações mais seguras para os medianeiros, independentemente de filosofia, crença ou doutrina; esse livro é para os médiuns; não se circunscreve apenas aos espíritas, é para todos, sem distinção.

Mais uma vez o mentor fez breve pausa para continuar logo depois:

– O mesmo se aplica a *O Envangelho Segundo o Espiritismo*, pelo qual os médiuns em geral deveriam fazer uso de seus ensinamentos para exercer uma mediunidade equilibrada, bem como todas as cincos obras da Codificação devem ser estudas por todos, não importando a religião que professam, sem preconceitos, sem orgulho.

Antes que Salomão prosseguisse com suas dissertações sobre o tema em foco, eis que a preleção de Lúcio terminara. Ele voltara a si e um dos presentes que estava sentado à mesa ao lado da qual ele falara ao microfone amparou-o pois o seu transe mediúnico, embora com certa discrição, fora notório para a grande maioria.

Aos que o ouviam na plateia, causou-se um misto de admiração e receio pelo que ouviram; e, aos companheiros mais ortodoxos, repulsa.

Olhares desconfiados, julgadores e preconceituosos foram projetados sobre o mais novo palestrante, aos quais Santiago e o orientador espiritual de Lúcio repeliam sem demora.

Ernesto se aproximou do amigo, percebendo a gravidade do momento, ante os cochichos que se instalaram pelo salão entre um grupo e outro de pessoas, então achou por bem convidá-lo a deixar do local.

Um pouco assustado, porém mostrando certa segurança e discrição, Lúcio recebeu o cumprimento de algumas pessoas, dizendo-lhe que apreciaram a palestra e a visão que ele expunha com relação ao que muitos chamam de superstição, ritual e meios "antiespíritas".

Diante do fato em questão, aqueles companheiros que acreditavam ser os "vigilantes" dos postulados espíritas encontraram aí uma forma de criticar severamente o jovem palestrante, com a argumentação de que há tempos ele vinha tentando infiltrar no movimento espírita conceitos que não procedem com a filosofia do Espiritismo Cristão.

Na verdade, esse pequeno grupo de quatro pessoas já havia aberto a guarda, permitindo que obsessores os influenciassem para tal cometimento, uma vez que tanto as informações quanto a visão que Lúcio Motta vinha expondo combatiam a "frieza" por meio da qual muitos núcleos espíritas estavam se deixando levar, esquecendo-se da fraternidade e da humildade de espírito exemplificada pelo maior dos médiuns já existentes no Brasil, Francisco Cândido Xavier, entre outros anônimos que dedicaram sua vida e mediunidade em prol do bem comum.

Eu entendi o que Salomão e Santiago e o mentor de Lúcio Motta estavam querendo transmitir aos encarnados: que a Doutrina Espírita é um farol a iluminar a humanidade e que o exercício da mediunidade sob as diretrizes dos livros de Allan Kardec, sob os ensinamentos de Jesus, são o meio mais seguro para todo e qualquer médium, independentemente se for espírita ou não. Isto é, mesmo dentro de outras filosofias, as obras da Codificação podem ser aplicadas ao trabalho espiritual e como conduta de vida.

Entretanto, mesmo não sendo espíritas, as pessoas com faculdades mediúnicas podem e devem fazer um excelente trabalho, seja dentro das religiões afro-brasileiras ou em outras denominações; também podem, a seu modo, exercer sua missão espiritual, no socorro aos semelhantes, bem como a si mesmos.

Perseguição ou Obsessão?

Lúcio foi buscar orientação nas palavras do espírito amigo e conselheiro. Estava confuso com o que lhe acontecera durante a palestra e não conseguia divisar quem seria realmente a entidade que o instruíra durante suas exposições, e por qual motivo o havia colocado em uma situação "vexatória" diante de tantas pessoas.

A entidade, amorosamente, disse-lhe que não podia passar à frente o mentor do consulente, pois em breve ele iria se mostrar como realmente desejava ser visto, informando a ele seu nome, e que não precisaria, necessariamente, ser o nome com o qual vivera em uma de suas encarnações, tal como às vezes se deixava ver.

Lúcio, após as orientações de Pai Eusébio, sentiu-se mais seguro e confiante. As energias hauridas pelo magnetismo espiritual da entidade amiga proporcionaram-lhe vigoroso impulso e ânimo. Sem contar que fora retirada de seu campo energético a morbidez das vibrações absorvidas por meio dos pensamentos a ele direcionados por parte daqueles que o queriam longe das palestras, com o pretexto de estar o jovem psiquiatra se desvirtuando dos preceitos doutrinários do Espiritismo.

Aqueles que deveriam ser seu apoio e incentivo se transformaram em árduos detratores do trabalho de Lúcio, abrindo passagem para que os espíritos do Astral inferior os utilizassem diante do tenebroso conluio que se estabeleceu entre mentes encarnadas e desencarnadas, motivadas pela inferioridade da inveja entre os dois planos da vida.

Passados 15 dias depois de ter conversado com o Preto-Velho, os responsáveis que cuidavam de selecionar os palestrantes fizeram uma advertência ao dr. Lúcio Motta, levando-se em consideração as informações e opiniões que o pequeno grupo estava promovendo para interromper as atividades do palestrante.

Convocado a prestar declarações sobre sua conduta na tribuna e sobre os temas abordados nas palestras, Lúcio a princípio ficou sem reação, surpreso que estava com tais argumentações que eram levadas a ele, impossibilitando-o, por ora, de falar em público.

O "tribunal da inquisição" estava instalado!

Diante da pressão em que se via, e por estar não muito tempo dentro do Espiritismo, embora o Espiritismo estivesse já dentro dele – o que não se podia dizer daqueles que o julgavam pretextando defender a causa espírita –, em face dos estudos e conhecimentos adquiridos nesse período, ele achou estranha e antifraterna, por que não radical, a posição daqueles que considerava como companheiros e irmãos de fé.

Perquirido sobre quem seria seu mentor espiritual, por causa do que vinha apresentando em suas explanações, Lúcio respondeu não saber seu nome ainda, mas que isso não importava no momento, pois o importante era o teor do que ele lhe transmitia.

– Pois é!!! – disse um dos companheiros. – O problema é exatamente este: o teor do que vem transmitindo em suas palestras. O dr. Lúcio tem frequentado uma Casa afro-brasileira e procura inserir no meio espírita o teor do que aprende lá.

– Desculpem-me, mas não é bem assim – respondeu o psiquiatra. – Se eu frequento ou não uma tenda ou terreiro umbandista ou candomblezeira, isso não diz respeito a ninguém; e, se trago alguma orientação de lá para as palestras, estas não falam sobre doutrina de Umbanda, e sim de amor universal, de fluidos, energias, magnetismo humano e espiritual.

Todos permaneceram em silêncio por alguns segundos, admirados, talvez, com o que acabaram de ouvir.

– Sinto muito, dr. Lúcio Motta, mas pedimos ao senhor que modifique o conteúdo de suas palestras e que reflita bem a respeito da questão em pauta – disse um dos presentes.

Lúcio empalideceu. Foi um choque para ele ouvir tais palavras vindas de companheiros de ideal. Apenas o presidente da Casa Espírita na qual fizera a primeira palestra de sua vida como espírita o defendeu. Por conhecer os demais membros ali presentes, tentou em vão argumentar a importância das exposições do psiquiatra. Porém, não logrou êxito.

Ele, no entanto, se mostrou humilde ante as considerações do grupo de companheiros e, desfazendo-se daquele impacto de energias contrárias, disse:

– Entendo a preocupação e os argumentos de vocês, mas não concordo com eles! Porém, como ainda me sinto um neófito dentro do movimento espírita, e igualmente dentro do Espiritismo, devo me resignar ante o que acabaram de expor. De fato, preciso saber mais, adquirir maiores conhecimentos, uma vez que também era um cético em termos de espiritualidade; mas quero deixar claro que a Doutrina Espírita é evolucionista, e se faz necessário que acompanhemos a evolução para que possamos, sob a ótica espírita, enxergar as coisas sob novo prisma. Isto é, podemos aprender e estudar os fatos espirituais, haurindo conhecimentos milenares que se encontram, de certa forma, "adormecidos" nas mentes espirituais de todos nós, sem com isso partir para o misticismo – Lúcio fez breve intervalo, continuando logo em seguida.

– Se citei, cito e faço referências às religiões afro-brasileiras, é porque temos muito a aprender com elas, não com seus rituais, os quais respeito, mas digo em aprender com sua "magia", a magia da simplicidade, do amor sem nos fazermos ignorantes, porque, ao contrário do que muitos pensam, eles não são ignorantes ou incultos. Aprender a respeitar as leis da natureza, com a mesma humildade e sabedoria que eles fazem, amando-a e dela extraindo seu magnetismo e energia revitalizante, que são utilizados pelas entidades que nelas atuam, em prol de todos, independentemente de rótulos religiosos ou doutrinários.

Um dos presentes, ante as considerações do jovem psiquiatra, condescendeu, sentindo-se tocado pelas palavras judiciosas de Lúcio Motta, vendo nelas alguma coerência, e disse:
– Bem, dr. Lúcio. E se a partir de hoje mudar os temas de suas palestras, isto é, fazê-las mais detidamente, focando mais os conceitos doutrinários da Codificação? – e olhando para os colegas, perguntou: – O que os companheiros de ideal pensam a respeito?

Todos se entreolharam, principalmente os três que não conseguiam disfarçar que queriam a todo custo o afastamento de Lúcio das atividades doutrinárias, como palestrante.

Contudo, antes mesmo que um deles ao menos esboçasse qualquer palavra, Lúcio não concordou, dizendo que seria melhor se afastar sim, porém procurar um lugar de campo mais favorável com o que vinha expondo por meio da oratória, pois estava convicto de que não fizera nada de errado, nada que ferisse ou viesse macular os três aspectos do Espiritismo, que são: filosofia, ciência e religião.

O benfeitor Santiago, Salomão, eu e os demais amigos desencarnados que acompanhavam tudo de perto permanecemos ali presentes até o final daquela reunião, observando as considerações do psiquiatra.

A princípio fiquei preocupada com a reação de Lúcio diante dos fatos em desdobramento, no entanto ele não reagiu, apenas agiu de forma tranquila e com sabedoria. De nossa parte entendíamos aonde ele queria chegar...

Para um homem que estudava a ciência da personalidade dos indivíduos, agora do ponto de vista espiritual, não poderia esperar outra atitude dele que não fosse a de defender seus conceitos dentro da razão, mas razão com uma parcela de sentimento de alguém que, mesmo em tão pouco tempo, havia sido despertado para as cousas espirituais.

Em seu íntimo, pensava: "Se Pai Eusébio disse que meu compromisso espiritual é dentro do Espiritismo, qual a razão de estarem os próprios espíritas se opondo a mim?".

Suas conjecturas eram sensatas, e, embora demonstrasse estar decepcionado com o comportamento de alguns companheiros em relação ao que vinha expondo, mesmo assim não se deixou desanimar. Entretanto, queria dar um tempo e limitou-se apenas uma vez por semana a participar das reuniões mediúnicas de desobsessão, pois as mesmas de certa forma tinham a ver com suas atividades psiquiátricas. Seu intento era aprender mais e usar tais conhecimentos dentro de sua área de atuação, com o fito de poder auxiliar melhor os pacientes que apresentassem algum grau de obsessão ou perturbação e não unicamente ajudá-los do ponto de vista acadêmico.

As coisas em sua vida de certa maneira vinham acontecendo de forma rápida, embora os novos conhecimentos, experiências e problemas vividos nos últimos tempos não fossem suficientes para aplacar a dor que ainda trazia em seu coração, cujo motivo era Flora.

Apesar do tempo todo preenchido com as atividades na Casa Espírita e seu trabalho como médico, ainda havia espaço em sua mente para que a lembrança de sua ex-companheira aflorasse uma vez e outra.

Há tempos que não a via, tampouco tivera notícias suas, embora não fizesse questão a respeito.

Flora a essas alturas já devia ter dado à luz, e seu filho estaria com meses de idade, vivendo ambos em companhia do pai da criança, o homem que ela trocara por ele. Era assim que pensava; no entanto, não se detinha em tais conjecturas, procurava desfazer-se delas de imediato, ocupando-se com suas atividades, como médico e estudioso espírita.

Mas como a vida é cheia de sobressaltos e surpresas, Lúcio não contava com as tramas do destino.

Foi em visita a uma Casa Assistencial anexa a um Centro Espírita que assistia mães solteiras, e por vezes desamparadas, a convite de Ester, uma colega de profissão que atuava mais propriamente na área da Psicologia; embora não fosse espírita, mas espiritualista, sem vínculo algum com qualquer instituição religiosa, ela se dispunha como colaboradora a dar assistência às mães da instituição como psicóloga e humanitária, assim como ela mesma se autodenominava.

Lúcio, a convite da amiga, aceitou auxiliá-la no acompanhamento psicológico das mulheres e jovens que não podiam contar com o apoio moral e material dos pais de seus bebês, bem como dos familiares mais próximos.

Naquela tarde, ele apenas fizera pesquisa de campo, observando e conhecendo o ambiente, as pessoas e a própria instituição em si.

De pronto, pelo que via, percebeu que ali ainda havia muito trabalho a se fazer. Ester, como ela mesma dizia, não estava dando conta do recado.

Nesse meio tempo, nossos instrutores Salomão e Santiago nos convidaram para uma prece, quando Ester, Lúcio e a senhora responsável pela Casa Assistencial reuniram as mães para um instante de conversação e informação quanto a alguns pareceres da instituição, que eram do interesse de todas.

Naquele momento, Lúcio Motta sentiu algo estranho dentro dele, dizendo logo em seguida a Ester:

– Pois é! Deus e os amigos espirituais me abriram outra oportunidade de trabalho... Quem sabe aqui minha fala encontre ressonância na mente, no coração e na vida dessas mulheres abandonadas, à mercê das circunstâncias, e pelos que deveriam estar ajudando-as, dando-lhes irrestrito apoio.

– Não sei do que está falando – respondeu Ester segurando sua mão –, mas saiba que aqui há pessoas necessitadas de carinho, compreensão, de tato psicológico e de uma palavra amiga. Mulheres e jovens que ficaram mais sensíveis com a gravidez, e, após ela, precisam de apoio e amparo, e isso podemos fazer mediante nossos conhecimentos acadêmicos. E você, particularmente, já é conhecedor das cousas espirituais; sua contribuição nesse sentido será relevante.

Deixamos Lúcio Motta e Ester e nos dirigimos até a residência de Otávio, um dos três personagens que haviam se tornado "sentinelas" das atividades do psiquiatra palestrante.

Sentados no sofá da sala estavam Malcon e Alencar para uma pequena reunião informal em que o centro dos comentários era a Doutrina; entretanto, bem mais ao centro da conversa estava o nome de Lúcio.

– E então, será mesmo que o psiquiatra voltará a fazer palestras? – indagou Alencar, irônico, olhando para os amigos.

– Espero que não! – respondeu o anfitrião. – É justamente por causa de pseudosespíritas como ele que o movimento espírita corre sérios riscos de ter infiltrado em seu meio as ações das trevas, mediante conceitos que nada têm a ver com o Espiritismo.

Eu olhei para nossos instrutores, percebendo a estranheza com que Félix observava os três naquela conversa irônica, destituída de fraternidade, referindo-se a Lúcio Motta.

Mal percebiam os três personagens em foco que poderiam estar eles mesmos servindo de medianeiros das sombras, ao se deixarem contaminar por tal perseguição a uma pessoa que ainda há pouco despertara para as questões do espírito.

Na verdade, o que era notório é que os três amigos estavam com uma ponta de inveja pelo progresso de Lúcio. Otávio, por exemplo, ensaiara poucas vezes como palestrante, porém seu palavreado enfadonho e suas palavras pouco animadoras não despertavam o interesse dos que a princípio iam para ouvi-lo.

A severidade, a falta de energia positiva na voz e seu ar cansado não transmitiam às pessoas o que elas precisavam e queriam ouvir. Os conceitos morais, por que não radicais, em vez de chamar a atenção dos ouvintes, faziam-nos sentirem-se menos encorajados, pois imperfeitos somos todos nós; contudo, arrefecer a quem nos ouve com palavras que, ao contrário de estimular, só as levam para baixo, "envenenando" o astral, a autoestima, realmente é algo que não há necessidade.

Todos nós buscamos corrigir nossos erros, eliminar defeitos, mas sem nos punir em demasia, senão se torna difícil viver, porque, se soubéssemos de nosso pretérito delituoso nas pregressas encarnações, nas eras mais remotas das experiências humanas, certamente enlouqueceríamos. O melhor será fazer o trabalho de casa, paulatinamente, sem perder o humor, a alegria e a energia positiva da qual precisamos para em cada etapa aparar arestas, crescer, evoluir um tanto mais.

Mas Otávio parecia não entender isso, motivo pelo qual suas palestras se resumiam a alguns companheiros de grupo, que também sentiam o peso do que ele verbalizava, tornando a palestra estressante, monótona, sem algo a acrescentar. Até que por fim encontrou outra atividade: "perseguir", vigiar quem se destacasse no meio no qual ele próprio havia falhado.

Os três, em particular Otávio, já demonstravam e não faziam conta de esconder verdadeira antipatia por Lúcio, ainda mais que ele falava sobre as religiões afro-brasileiras, as quais Otávio abominava. No entanto, mal sabia ele que em encarnação anterior à atual ele fora capitão do mato na época da escravatura, vindo a desencarnar após se suicidar, diante das almas perturbadas de escravos que não o perdoaram, por causa da morte de mais de duas dezenas de negros que ele matara.

– Otávio tem um pé na senzala, porém de forma diferente dos escravos; ele foi o terror de uma grande fazenda de café, usurpando da dignidade das escravas. Era um celerado dos negros – disse Salomão, antes de nos contar o que acabei de relatar. – É um espírito perturbado; se não fosse a Doutrina Espírita, certamente já teria enlouquecido e, por conseguinte, se suicidado novamente.

– Percebo que ele parece ligado a uma tênue teia – disse Félix, ainda observando detidamente o personagem. – Seria esta criada por entidades daquele tempo, ligando-se a ele, o que o leva a perseguir Lúcio?

– Não. Aqueles não o acompanham na atual romagem terrena. Aquele grupo não se encontra encarnado em terras brasileiras; aqueles que obsediaram Otávio até levá-lo ao suicídio solicitaram nova oportunidade na África, com o intuito de ajudarem nossos irmãos africanos em suas necessidades, que são muitas, e por lá estão até hoje.

– E quem seriam esses que perturbam Otávio a ponto de ele influenciar negativamente Marcos e Alencar? – indagou Pedro, o amigo espiritual que compunha nossa equipe.

— São os que ele atraiu para si, aqueles que são contrários aos ensinamentos de Jesus, e por isso contrários aos ensinamentos do Espiritismo e de outras doutrinas que procuram esclarecer e ajudar a todos sobre as questões evolutivas, fraternas e espirituais. São os desordeiros, sem contar que Otávio, ainda que inconscientemente, traz resquícios em seus meandros psíquicos sobre as barbáries cometidas, mesmo sendo perdoado pelos espíritos dos ex-escravos.

— Mas como pode ser isso? — indagou Clara Nogueira, nossa companheira de equipe. — Ele convive dentro de uma doutrina rica em conhecimentos e amparo espiritual como o Espiritismo, e permanece assim, à mercê de entidades do Astral inferior?

— O conhecimento o preserva, porém não o imuniza completamente do assédio das sombras — respondeu agora Santiago. — O mesmo acontece a todos que bebem nas fontes de uma doutrina filosófica ou religiosa que os esclarece e orienta para uma vida mais equilibrada, no reino da alma. O mal muitas vezes se utiliza de pessoas que têm aparentemente o bem estampado na face e nas palavras, mas que no íntimo escondem os resquícios do passado sombrio, e que vêm a tona, às vezes, de forma inconsciente, fazendo algazarra, quando pensam que estão fazendo todo bem possível, defendendo não exatamente os interesses da Doutrina, mas seus interesses pessoais. É o que acontece a médiuns que trabalham mediunicamente na cura e que se deixam levar pela vaidade e pelo ganho fácil com a dor alheia. O guia, o mentor, após várias advertências se afasta, dando lugar a outro, o qual o médium ainda acredita ser o instrutor de suas atividades mediúnimicas. Aí está instalada a obsessão, sorrateira, voraz e prejudicial à organização psicossomática do médium. Resumindo, companheira Clara Nogueira, médiuns e casas espíritas entre outras não se encontram imunes a esse tipo de assédio, quando o amor fraternal é "substituído" pela competição, vaidade e indiferença. Isso só para citarmos alguns maus exemplos.

— E não podemos ajudá-lo? — tornou Clara.

— Para que possamos ajudá-lo efetivamente, ele precisa mudar o padrão vibratório, fazer uma viagem para dentro de si e admitir o real motivo de sua implicância com Lúcio e outros companheiros encarnados dos quais ele se fez juiz. Há indivíduos que vibram tão negativamente que se torna difícil se aproximar de seu campo espiritual, tamanha é a emissão energética negativa que o circunda. Não é pelo fato de ser espírita que deixamos de vê-lo assim. Espírita é apenas uma nomenclatura doutrinal, filosófica e religiosa, mas que precisa estar preceituada na vivência do Evangelho de Jesus, sem se apegar mais ao rótulo, à letra do que à essência, e são poucos os que assim vivem.

– Então, essa ojeriza em relação às religiões afro-brasileiras tem uma origem no passado reencarnatório de Otávio? – quis saber Valéria.

– Na realidade – disse Santiago olhando para Salomão, como se estivesse ocultando alguma coisa –, vou dizer-lhes algo que poderá causar estranheza: Otávio deveria estar trabalhando mediunicamente na linha de Umbanda.

– Desculpe, mas não entendi! – disse Valéria. – O Espiritismo não é a Doutrina que ilumina a mente e o coração dos encarnados, um farol na escuridão espiritual da humanidade? E como Otávio milita nas hostes espíritas se seu compromisso era dentro da religião afro-brasileira?

– Eu explico, cara Valéria. Sim, podemos considerar o Espiritismo como o Consolador prometido, do ponto de vista do consolo e das informações que traz, por despertar nos indivíduos as claridades da evolução espiritual, que é a destinação de todos dentro da lei evolutiva. Porém, não significa que o espírito encarnado evolui somente no Espiritismo, se assim fosse o que diríamos de tantos tarefeiros das mais variadas denominações religiosas, filosóficas ou científicas que deram sua contribuição em prol de um grupo, comunidade ou humanidade. Otávio viria para atuar como médium que é, para receber orientação de entidades ligadas às forças da natureza, e também com os pais velhos, os caboclos, porque ele tem ainda algo a resgatar em questões do pretérito com tais entidades na época da escravatura.

– Mas o grupo de que ele tirou a vida não está encarnado na África?

– Você está se referindo a um grupo, no entanto existem outros com que ele também tem compromisso, espíritos daquela época que de alguma forma tiveram alguma ligação... Não posso falar além do que me é permitido. Só posso lhes assegurar que, mesmo conhecendo o Espiritismo, ele não cumpre como era de se esperar com sua tarefa. Se ao menos na Doutrina Espírita Otávio estivesse fazendo algo relevante em prol de alguém, isso já seria muito bom, mas o fato é que ele permanece quase que estacionado; ele entrou para o Espiritismo, porém o Espiritismo não entrou nele.

– Isso significa – perguntou agora Félix atento à conversa – que o que ele teria de passar, expiar, ressarcir e colaborar deveria ser na religião afro-brasileira, porque lá encontraria "espaço" adequado e necessário para o trabalho com as entidades em questão? Ou seja, os médiuns umbandistas, candomblezeiros, entre tantas outras doutrinas religiosas, se identificam com tais não só por uma questão de afinidade, mas igualmente pelo compromisso que têm com tais entidades, com o tipo de trabalho que realizam?

– Muito bem, Félix! – sorriu o instrutor satisfeito com o raciocínio e entendimento do ex-psiquiatra. – São poucos os que entendem isso, razão pela qual não devemos criticar a fé alheia, a maneira de viver a espiritualidade, o amor. Nossos irmãos das religiões afro-brasileiras se encontram no lugar certo, não porque sejam inferiores, porque não o são, mas porque atuam dentro do campo do conhecimento espiritual e contextual que "elegeram", e sabem como ninguém manipular as energias da natureza, aprendendo com ela, ajudando quem deles precise, sem preconceito. A Doutrina Espírita seria e é de grande e importante valia para aprimorar os conhecimentos deles; porém, se fossem trabalhar dentro de uma Casa Espírita, não conseguiriam, porque não poderiam desenvolver seu trabalho com liberdade como o fazem em seus terreiros, tendas ou centros, seja qual for a denominação que dão ao núcleo espiritual que atuam. Cada qual está no lugar a que foi chamado a colaborar e a expiar.

Otávio a cada dia que passava demonstrava estar cada vez mais perturbado, porque ele igualmente se autoperturbava; sua convivência com a Doutrina Espírita dava-lhe certo alento; por outro lado, ele se deixava levar pelas forças sinistras do Astral inferior, que estreitavam os laços, por causa de sua postura intransigente ante a vida e os companheiros.

Quando ele soube que Lúcio Motta estava colaborando na instituição junto às gestantes e mães desamparadas, parece não ter se conformado. Por essa Casa, ele, Otávio e seus dois companheiros jamais mostraram interesse em ao menos fazer uma breve visita, quanto mais colaborar, ajudando a Casa Assistencial ou as jovens mães que careciam de uma palavra ou visita amiga de outras pessoas. Quanto mais apoio moral e espiritual àquelas que se encontram em situação de abandono emocional e físico, mais força e ânimo elas têm para seguir em frente no cuidado aos rebentos que lhes chegaram por meio da maternidade, mesmo que ainda na tenra idade da juventude.

Otávio se apresentou à dirigente da instituição na primeira visita que fizera à casa, advertindo-a quanto à presença de Lúcio Motta.

– Desculpe-me, senhor Otávio – disse ela. – Lúcio está aqui como colaborador, como médico psiquiatra que é, não exatamente como espírita, embora, como é de se esperar dos espíritas, ele faça uso dos conhecimentos hauridos nos postulados espíritas para auxiliar nossas gestantes e mães que precisam de acompanhamento psicológico e espiritual. Não vejo razão para ficar em alerta em relação à pessoa de Lúcio.

– Ele foi praticamente expulso, proibido de fazer palestras, porque suas ideias não estavam associadas aos postulados doutrinários – argumentou Otávio.

– Eu estava presente em uma de suas palestras e não ouvi nada demais em suas palavras – tornou a dirigente em defesa do psiquiatra. – Peço que me perdoe, companheiro, embora esteja conhecendo-o pessoalmente agora. Acredito que, para quem está no Espiritismo há tanto tempo, lhe falta caridade e compreensão com aqueles que se iniciaram há pouco tempo, como Lúcio Motta, que tem usado os conhecimentos acadêmicos associados ao Espiritismo. E digo mais: todos são bem-vindos a essa Casa

Assistencial quando vêm para somar e não para criticar descaridosamente, tanto a instituição quanto aqueles que trabalham e colaboram com ela. Se o sr. Otávio deseja ser um de nossos colaboradores, será bem-vindo, porém não com esse desejo de enxovalhar a moral alheia, e o dr. Lúcio Motta tem sido de grande importância ao lado de Ester, outra colaboradora, no auxílio psicológico às nossas internas.

A dirigente, percebendo algo estranho na personalidade de Otávio, bem como em sua aura, pediu licença e se retirou dizendo que havia muito trabalho à sua espera. Otávio por sua vez abaixou o olhar, sentindo-se impotente diante do que ouvira, girou o corpo e se retirou sem olhar para trás.

Lúcio, que o vira sair, foi ao encontro da dirigente que se aproximava, indagando-a, querendo saber o que Otávio desejava. Ela olhou para ele e sorriu, dizendo-lhe:

– Vamos trabalhar, não temos tempo para os detratores que perdem largo tempo servindo de porta-vozes para os obsessores, quando pensam estar a serviço de uma causa nobre.

Ela colocou a mão sobre seu ombro como a confortá-lo e então ele entendeu o que Otávio viera fazer ali. Meneou a cabeça e voltou às suas atividades.

Infelizmente o pensamento de Otávio em relação a Lúcio e à dirigente da Casa Assistencial não fora dos mais felizes. Sentindo-se humilhado e com a inveja aumentada em relação ao psiquiatra, não se contentou e reuniu-se com Malcon e Alencar expondo-lhes o corrido.

Lúcio, por sua vez, estava feliz com seu trabalho na instituição, ao lado da amiga Ester; conversava, dialogava com as mulheres e jovens mães, e sentia que suas palavras e exposições a elas estavam sendo mais proveitosas do que quando se iniciou como palestrante.

Voltando ao caso de Otávio, percebemos que suas intenções haviam se distanciado realmente do foco do autoaprimoramento, deixando-se ser conduzido por mentes desencarnadas que o aturdiam cada vez mais.

Alencar e Malcon já não o viam como antes. Tocados na consciência, perceberam que Lúcio Motta não estava errado, e sim eles, que estavam sendo arrastados por meio da crítica destrutiva, deixando-se influenciar pelo magnetismo inferior de Otávio, que percebiam estar doente, sob o jugo da obsessão. Afastaram-se do companheiro, após adverti-lo quanto ao perigoso conluio em que estava entrando ao combater o semelhante, um companheiro de ideal que estava apenas fazendo a parte que lhe cabia.

– Vocês dois me surpreendem: até pouco tempo estavam do meu lado e agora estão me chamando de obsedado! – disse Otávio, extremamente nervoso.

– Desculpe-nos, Otávio, mas a verdade é que estávamos errados. Não é assim que deveríamos ter procedido. Há cerca de um mês encontramos o senhor Ernesto, e ele nos convidou a fazer uma visita à Tenda de Pai Eusébio. A princípio relutamos, pois temos nosso posicionamento de acordo com o Espiritismo; no entanto, você sabe que meu filho é professor, está fazendo pós-graduação em história de religiões, e pediu para que o acompanhássemos ao núcleo afro-brasileiro, por se tratar de uma casa idônea e respeitada. E lhe confesso que nós ficamos curiosos também, e o acompanhamos.

Otávio ouvia-os estupefato.

– Era só o que faltava mesmo! – disse Otávio.

– Bem, apesar dos ritos, que no Espiritismo sabemos ser desnecessários, Malcon e eu sentimos boas energias no ambiente, e fiquei admirado com o carinho, a simplicidade e o respeito com que tratam as pessoas que vão em busca de socorro e orientação espiritual...

– E se pode esperar alguma coisa boa desses lugares? – tornou Otávio irônico.

– Otávio, nós não vamos nos tornar umbandistas – falou Malcon –, porém sou claro em admitir que nos sentimos envergonhados por pensar de forma preconceituosa e por julgar nossos irmãos e até mesmo o dr. Lúcio Motta pelo fato de haver estado em um terreiro. Eu particularmente me senti muito pequeno por colocar todos dentro de um mesmo parêntese, acreditando que os espíritos instruídos e nobres se manifestam apenas em nossas casas. Ledo engano!

Deixe Lúcio em paz, pare de persegui-lo, você não está bem, veja as influências e companhias que atrai para si. Vamos vivenciar realmente a Doutrina Espírita, de forma equilibrada e sólida. Sejamos razoáveis; Espiritismo é libertação de consciência, de preconceitos, o despertar do espírito humano, luz no horizonte de nossas vidas, se soubermos olhar além do que nossos olhos carnais veem. Estou lhe dizendo isso, porque foi exatamente o que a entidade que chamam de Pai Eusébio nos falou, e ele não fez proselitismo religioso ou doutrinal, falou de Espiritismo com amor, respeito e conhecimento de causa. Nós, por nossa vez, fazemos o contrário, colocamo-nos em um "pedestal" e nos achamos donos da "verdade"; não agimos com humildade e sabedoria; atacamos companheiros e religiões, assim como a religião afro-brasileira ou africana, sem compreendermos seu significado, seus ritos, enfim, sua espiritualidade. Agimos com preconceito, cuidando do terreno dos outros que estão fazendo o trabalho que lhes compete, jogando a poeira para baixo de nosso tapete moral, que precisa ser cuidadosamente limpo dia a dia para que a comodidade espiritual que há em nós não se prolongue por mais tempo.

Malcon falara de forma inspirada e emocionada, concluindo logo em seguida:

– Vamos cuidar de nossa seara porque os que trabalham em outra, embora diferente da nossa em seus aspectos, estão cuidando da deles, que se diferencia apenas pela forma, porque os espíritos voltados ao Bem Supremo não fazem essa distinção.

Otávio obviamente não gostou do que ouviu. Saiu sem nada dizer, caminhando sem rumo, até que chegou a uma praça e ali se sentou em um banco e pôs-se a refletir. Sentiu-se sozinho, ferido, humilhado; seu padrão vibratório, que já não vinha sendo dos melhores, caiu significativamente, abrindo mais campo para as entidades que o influenciavam. Sentia-se injustiçado, incompreendido, pois só o que queria era zelar pela "pureza doutrinária", defender seus pontos de vista sobre os quais pensava estar praticando um belo serviço aos postulados espíritas.

Entretanto, os obsessores zombavam dele, influenciando-o de forma cega; cegueira que, naturalmente, o impedia de enxergar com os olhos da razão, e sobretudo com o coração, uma vez que faltava em Otávio o amor necessário à causa que dizia defender. Na realidade, era uma desculpa que usava para exteriorizar suas frustrações, sua inveja, sua fuga inconsciente do compromisso espiritual que assumira antes de reencarnar. As lições estudadas na Doutrina Espírita pareciam não ter sido absorvidas por ele.

Apiedei-me dele por um instante e perguntei a Salomão e a Santiago:

– O que poderia ser feito para que esses espíritos que o atormentam se afastem?

– Eles só se afastarão à medida que Otávio admitir realmente que está errado e mudar sua vibração – respondeu Santiago.

– Isso seria o suficiente para que o deixassem, para que ele volte à razão? – perguntei, ainda querendo ajudá-lo.

– Esse é o primeiro passo – tornou o instrutor –, todavia nem sempre o obsediado consegue sozinho livrar-se do obsessor. A prece é uma chama que se acende, espargindo as brumas espessas da escuridão psíquica, porém não dispensa o concurso fraterno, mas firme, dos espíritos nobres que vêm em seu auxílio por meio da oração. E diga-se de permeio que essas entidades que o influenciam não sejam lá tão ferrenhas quanto as outras devotadas ao mal; são aquelas com as quais ele se afinizou, galhofeiras e perturbadoras que provocam a desunião entre pessoas e grupos bem-intencionados, quando assim encontram quem lhes dê guarida para isso.

Salomão e Santiago se aproximaram de Otávio emitindo energias revitalizadoras ao seu centro coronário, afastando por ora as entidades perturbadoras. Era um auxílio paliativo para que ele pudesse recobrar um mínimo de lucidez e humildade, buscar ajuda por intermédio da prece e refletir nas palavras de Malcon a respeito do caminho tortuoso a que estavam se dirigindo, ao agirem com tamanha falta de caridade para com a fé e a crença alheia.

Deixamo-lo por ora e voltamos a vista aos nossos personagens do início.

Caminhos Que Se Cruzam

Nós nos encontramos com Lúcio em seu consultório atendendo a um de seus pacientes, acompanhado de seu amigo espiritual, o mesmo que o auxiliara em suas palestras. Pedimos licença ao benfeitor espiritual para observarmos sob a óptica espiritual o que estava se passando naquela sessão entre psiquiatra e paciente.

A entidade nos recebeu com muito carinho, dizendo estar inspirando seu tutelado para novos trabalhos na área da pesquisa mediante um trabalho que não tem respaldo no meio espírita. No entanto, como profissional, médico psiquiatra que é, o dr. Lúcio Motta poderia auxiliar muitas pessoas, a exemplo de outros, por meio da regressão uterina, sem avançar às vidas passadas, pois não achava correto escarafunchar o passado espiritual de um espírito encarnado, respeitando assim as bênçãos do esquecimento, pela reencarnação. Ele estava tomando gosto pela nova forma de trabalho, em que apesar do pouco tempo estava tendo êxito e resultados satisfatórios. Lúcio não deixara de ser espírita, contudo o que vinha realizando fazia parte de seu trabalho profissional, era uma terapia alternativa que, aliada aos conhecimentos espiritualistas e espíritas, ajudava-o a auxiliar pessoas com traumas como fobias, depressão contínua, inseguranças interiores, mágoas, vícios, entre outros.

Ele parecia ter encontrado outro caminho dentro de sua área de atuação como psiquiatra, e pensar que tudo havia começado com Ernesto, que na primeira consulta lhe indagara se Lúcio fazia regressão.

Até mesmo algumas das jovens e mulheres eram submetidas a tais terapias, aliadas aos passes e orientação espírita. Cada qual em seu devido lugar, seu trabalho na Casa Assistencial prosseguia. Quanto às terapias de vidas pregressas, elas só se realizavam em seu consultório, sempre auxiliado por sua grande amiga Ester. Os resultados estavam sendo satisfatórios, ambos se maravilhavam com a transformação gradativa dos pacientes. Flora, a essas alturas, era apenas uma lembrança sem dor e sem mágoas, mas ainda assim ela cruzaria seu caminho: em uma tarde em que se preparava para sair mais cedo da Casa Assistencial Espírita, eis que uma das secretárias lhe perguntou se poderia atender uma nova interna, que viera em busca de abrigo para si e para seu filho de quase 2 anos.

Ele assentiu com humildade para a entrevista com a referida mãe e mulher que lhe diziam precisar de ajuda espiritual e psicológica. Quando Lúcio entrou na sala de entrevista onde a nova assistida o aguardava, a surpresa foi inevitável para ambos: era Flora.

Segurando uma criança no colo, que naturalmente seria o filho de Júlio com quem mantivera um relacionamento extraconjugal, ela não sabia que Lúcio era um dos médicos que trabalhavam na Casa Assistencial.

A surpresa seguida do silêncio e o rubor nas faces dos dois só foram desfeitos com o choro da criança que parecia não estar muito bem de saúde.

– Tudo bem com você? – perguntou o psiquiatra meio sem jeito.

No entanto, era ela quem mais se sentia envergonhada em razão dos acontecimentos que foram a causa de sua separação, e que quase culminaram em tragédia passional.

– Vai-se vivendo... – respondeu ela, fazendo menção de se levantar, querendo sair dali. – Desculpe-me, acho que não deveria ter vindo. Eu não sabia que você trabalha aqui.

Ele interveio, dizendo:

— Por favor, sente-se. Não há com o que se preocupar. Não posso negar minha surpresa, mas não precisa sair. Se quiser conversar com outra pessoa, eu peço para que a atendam.

— Tudo bem, não será necessário, converso com você mesmo. Aliás, se o destino nos colocou novamente frente a frente, talvez seja porque tenha de ser assim; na verdade será bom que conversemos mesmo, porque até hoje convivo com a culpa de meus desatinos.

— Deixemos o passado, o que passou não importa mais — tornou Lúcio, sereno. — O importante é o agora, porque nosso amanhã depende de certa forma do hoje. Eu particularmente vivia em um mundo de ilusões. Sempre gostei de meu trabalho, mas a vida me fez encontrar uma "nova" forma de aliar aos meus conhecimentos acadêmicos o conhecimento espiritual, por meio do Espiritismo, bem como de outros núcleos sob o comando da espiritualidade. Mas me diga, o que a trouxe aqui? E seu filho, como está?

Flora pareceu desanuviar-se daquele pálio dos primeiros minutos que a cobriam, mediante o choque de ter encontrado de forma inesperada alguém que um dia ela havia magoado, traído de forma tão leviana. Ela passou a desfiar o fio de acontecimentos infelizes após a separação de ambos, quando Lúcio a interrompeu.

— Flora, eu estou aqui na condição de amigo e colaborador. Não vamos falar sobre o que houve lá atrás, mesmo porque hoje sou outra pessoa e pelo que percebo você também deve ter mudado muito. Sem ressentimentos, é verdade que passei muito tempo com um nó na garganta e sei que isso nada mais importa. Fico feliz por estar de frente para você, não por me sentir em uma condição superior à sua neste momento, porque em verdade não é isso, mas pelo fato de revê-la.

Ela condescendeu, passando-lhe a narrar o motivo que a levara a estar ali.

Após aquele triste episódio que quase virou tragédia, ela e Júlio se encontraram algumas vezes, mas, tão logo ele fora informado de sua gravidez, abandonou-a e a partir daí sua vida passou a ser de sofrimentos e privações, porque grávida e logo sem poder trabalhar, teve dificuldades até mesmo para pagar aluguel, vivendo de favor em casa de uma prima. Porém, assim que a criança nasceu, Flora foi obrigada pelas circunstâncias a procurar outro lugar para ficar, pois sua prima se casara e mudara para São Paulo; Flora não pôde arcar com as despesas do apartamento, sendo convidada a sair no primeiro mês após a mudança da parenta.

O pai do menino, por sua vez, jamais a ajudou nem mesmo cumprindo com suas obrigações de pai, tampouco com alguma pensão a que a criança tivesse direito. Flora não quis buscar os meios legais para exigir o que é de direito para o filho, pois do que uma mulher precisa nessas horas não é apenas do dinheiro para as despesas com o filho: antes, porém, do carinho do parceiro, do pai do bebê, da companhia e atenção do sexo oposto, antes, durante e após a gravidez.

Ela infelizmente não poderia exigir muito, uma vez que sua consciência a acusava de ter agido de forma errada com Lúcio. Se ele fosse o pai da criança, certamente as coisas teriam sido diferentes.

Depois de passar de abrigo em abrigo, morando de favor na casa de um conhecido e de outro, ela veio buscar apoio na Casa Assistencial. Hoje a criança conta com quase 2 anos de idade. O sofrimento e a maternidade parecem ter feito um bom trabalho na personalidade de Flora, que se abrira naquele momento para Lúcio Motta. Além do menino que demonstrava não estar bem de saúde, ela igualmente também davas sinais de fraqueza e abatimento físico e espiritual. Após o desabafo da ex-companheira, Lúcio providenciou junto a uma funcionária da Casa Assistencial um lugar para Flora e seu filho, que passariam por uma boa temporada ali. Providenciou exames médicos para Carlinhos, o nome que ela dera ao filho em homenagem ao pai dela, que desencarnara quando Flora ainda era criança, e ela também precisava de assistência médica, não psicológica naquele momento, mas igualmente de ajuda espiritual.

Ela se sentira envergonhada, humilhada talvez, no entanto ele procurou desfazer todo aquele seu mal-estar, deixando-a à vontade, mostrando sua compreensão, carinho e amizade.

Antes de deixarem a sala de entrevista, Flora parou à sua frente por um instante e disse-lhe:
– Lúcio, perdoe-me pelo que fiz a você.
– Não se incomode com isso, já passou. O importante é que estamos aqui sãos e salvos!
Os dois sorriram, ele beijou-lhe a fronte e acariciou o cabelo do menino deixando-os aos cuidados da assistente, dizendo que se veriam em breve.
Passados alguns dias, enquanto estava em seu consultório particular, Lúcio foi surpreendido com o anúncio de Martha, sua secretária, dizendo que dois homens o aguardavam na recepção: Malcon e Alencar.
– Faça-os entrar, Martha, por favor – disse o psiquiatra.
Ele se levantou, aguardando a entrada dos dois visitantes inesperados:
– Com licença – adiantou-se Alencar. – Desculpe-nos, Lúcio, por virmos sem tê-lo avisado antes.
– Não se preocupe. Hoje não tenho mais pacientes para atender.
– Nós não vamos tomar muito de seu tempo! – falou Malcon.
– Sentem-se, por favor. A que devo a honra dessa visita? – disse Lúcio com um sorriso no rosto, demonstrando simpatia. Ele estava surpreso, é verdade, mas sua bonomia naquele instante não era mera formalidade, mas algo que ele aprendera a exteriorizar, independentemente de quem fosse.
– Bem, Lúcio, como Malcon e eu não o temos visto mais na Casa Espírita ou em palestras, decidimos vir até você...
– É verdade, eu tenho estado mais na Casa Assistencial. Eu me identifiquei com o trabalho de lá, e além do mais tem um centro anexo. Quanto às palestras, decidi que só as farei dentro de minha área como psiquiatra e para nossas moradoras da Casa Assistencial.
Os dois visitantes esboçaram leve sorriso, talvez de constrangimento, diante da perseguição sistemática que fizeram ao psiquiatra.
– Então, é sobre isso que viemos lhe falar – prosseguiu Malcon. – Viemos nos desculpar com você pelas coisas que fizemos

no passado. Sabemos que já se passou um bom tempo, mas creio que para se desculpar nem sempre é tarde.

— Compreendo! Todos nós erramos, consciente ou inconscientemente. Eu aceito as desculpas!!! — disse descontraído para deixá-los mais à vontade, pois, para quem pede desculpa, às vezes ouvir é muito importante.

Alencar, por sua vez, passou a lhe narrar o que acontecera, isto é, de suas visitas à Tenda de Pai Eusébio e a lição que a entidade, denominada preto velho, lhes proporcionou por meio de uma conversa amiga e amorosa.

Lúcio surpreendeu-se com o relato e, pensativo, disse que havia muito tempo que não fazia uma visita ao que ele chamou de *casa de caridade espiritual*.

Por mais uma vez eu olhei para Santiago e Salomão, satisfeita; os demais companheiros espirituais que nos acompanhavam também. As coisas estavam caminhando para melhor.

Ele ficou feliz, perguntou por Otávio, e ficou sabendo o que vinha se passando com o companheiro que parecia não ver as malhas de perturbação moral e espiritual em que estava envolvido. Mesmo porque a esposa o abandonara não fazia muito tempo, e ele passara a fazer uso de alcoólicos, perdido que se encontrava dentro de si mesmo e no mundo.

Perguntarão alguns mais afoitos: como um espírita poderia se deixar envolver nas tramas da obsessão e na fuga enganosa da bebida em excesso que lhe anestesia os sentidos e a moral? Primeiro, que ser espírita não é atestado de pureza nem de elevação espiritual em parcos meses ou anos de estudo e labor doutrinário. Segundo, que todos estão sujeitos a quedas, por várias razões; cada qual traz dentro de si, no cerne, os problemas mais intrincados de outras encarnações e que precisam ser resolvidos, ao menos trabalhados positivamente.

Lembremo-nos de que o Espiritismo nasceu para o espírito encarnado, e não este para o Espiritismo.

Depois da boa conversa, os três deixaram o consultório juntos, a compreensão e a paz venceram as antipatias de outrora. Na saída do prédio, Malcon e Alencar disseram estar preocupados, pois o grupo em que participavam não vinha tendo a devida disciplina e assim até mesmo as chamadas "doutrinações" com os espíritos perturbadores e necessitados de orientação já haviam sido cogitadas de suspensão.

Eles então pediram a Lúcio se com seu tato psicológico pudesse falar ao grupo, em uma das reuniões mensais para avaliar o grupo. Lúcio, no entanto, disse não fazer parte e que não poderia opinar a respeito. Os dois companheiros disseram que seria como explanação, em que abordaria sobre os transtornos psicológicos que evoluem para obsessão, algo assim abrangente, falar sobre suas experiências aos jovens e mulheres na Casa Assistencial. Na verdade, todos precisavam de motivação e disciplina, vigilância, interesse e autoavaliação.

Lúcio assentiu, meio que desconcertado. Não queria fazer desfeita, muito embora eles também se mostrassem sem jeito, uma vez que não foram ter com o dr. Lúcio com outra intenção a não ser lhe pedir desculpas. É que no meio da conversa o assunto surgiu e as ideias igualmente.

A noite da reunião já marcada e o grupo antecipadamente avisado da presença do psiquiatra que vinha ganhando respeito e admiração por parte de muitos por seu trabalho na Casa Assistencial – e a desconfiança de outros por causa das terapias de regressão, mas isso não tinha nada a ver com o Centro Espírita –, fizeram com que todos os componentes do grupo estivessem presentes.

Lúcio falou, sem querer fazer palestra, mas sim uma conversa fraterna, expondo suas experiências com seus pacientes, tanto como profissional quanto como espírita. Como estudioso da mente humana, ele vinha se aprofundando nas questões relacionadas às obsessões espirituais e psicológicas, incentivando o grupo a se manter coeso, fazendo muito mais do que vinham fazendo para que o serviço em prol do bem de encarnados e desencarnados pudesse ser realizado com maior empenho, fé e união.

Os participantes um a um expuseram seus conflitos, dificuldades e a causa do desânimo e indisciplina que se abateu sobre quase todos durante os últimos meses.

Lúcio, já tendo conhecimento antecipado de algumas coisas que aconteciam naquele grupo, inspirado por seu guia espiritual, formulou a seguinte orientação a que chamou de Sugestão Disciplinar.

1- Chegar pelo menos 15 minutos antecedendo o início das reuniões.
Disciplina e respeito fazem parte da nossa evolução e equilíbrio.

2- Evitar conversações sobre assuntos triviais e negativos antes ou após os trabalhos, salvo para estudos e comentários que estejam na pauta dos mesmos.
Na hora do labor, somos operários em sistema de aprendizado espiritual.

3- Procurar não lidar com valor amoedado na sala antes, durante e ao término das reuniões doutrinárias.
Em uma sala de reunião mediúnica os valores devem ser outros.

4- Esquivar-se de relatar ou fazer observações que não estejam dentro dos estudos da noite.
Divagação improdutiva, estudo benéfico sem proveito.

5- Abster-se de fazer comentários sobre alguma comunicação fora das reuniões, faltando com a caridade e a ética doutrinária.
A caridade não é só doutrinar espíritos, mas também a nós mesmos.

6- Estudar as lições das obras em casa para que possa cooperar junto com os companheiros de grupo no desenrolar dos temas a ser abordados.
Conhecimento se constrói por meio do próprio esforço.

7- Ao término da sessão, evitar sair apressadamente, como se o tempo ali passado fosse uma simples convenção humana.
Os Companheiros do plano espiritual para nos atender não se demoram nem demonstram enfado.

8- Desvencilhar-se de qualquer preocupação pertinente à vida lá fora, procurando sintonia e ressônancia com o ambiente.

Esquecer o mundo exterior para concentrar-se por poucas horas no mundo interior.

9- Não ver neste ou naquele companheiro que possa destacar-se um ser "iluminado", e sim uma pessoa comum com deveres e obrigações, merecedor de nosso respeito e discrição.

Nos caminhos da evolução não existem privilégios ou privilegiados, somos todos iguais perante Deus, carecendo de Sua bondade.

10- Incentivar os amigos de equipe a persistirem no ideal, de maneira clara e objetiva, mas sem lhes impor deveres.

Companheirismo é saber respeitar o(a) companheiro(a).

11- Reunir uma vez e outra para a avaliação dos trabalhos do grupo, verificando se não têm caído no mecanismo improdutivo.

Análise e reflexão, amor e interesse fazem do viajor um peregrino prudente.

12- Não esquecermos de que o mundo espiritual conta com nossa "colaboração" para socorrer, intermediar, informar e esclarecer, mas para tal prescinde de nosso empenho e fidelidade, entre os dois hemisférios da vida.

Em verdade são os espíritos do Senhor que cooperam conosco e acabamos sempre por inverter a ordem dos valores. Honremo-los!

Desmistificando Conceitos

Todos acharam oportuna e de grande validade a mensagem, a qual, como disse o próprio Lúcio, não era uma lei, mas uma sugestão para que todos pudessem ter algo a mais e que os fizesse voltar à harmonia e ao interesse pelo compromisso que assumiram. Apenas um lembrete!
– Desculpem-me, companheiros. Não vejam nisso uma falsa modéstia de minha parte, mas eu é quem deveria estar ouvindo sugestões de vocês. Conheci o Espiritismo não faz muito tempo...
– Desculpe-me por interrompê-lo, dr. Lúcio – falou um dos presentes –, mas não poderia deixar de lhe expressar minha admiração e respeito. Sei das situações vexatórias por que passou dentro do movimento espírita. Entretanto, o que adianta as pessoas estufarem o peito e dizerem que têm 20, 30 ou 40 anos de Doutrina, outros ainda alegam ser "espíritas de berço", expressão esta que abomino, pois isso não existe. Porém, além de tudo, não se tornaram pessoas realmente fraternas, agem pelo prisma do que dizem conhecer, mas não praticam.
Lúcio agradeceu pela admiração e respeito que o companheiro lhe devotara, dizendo-lhe:
– Cada um está dentro de um grau de entendimento, e assim devemos respeitá-lo em sua condição; o que não podemos admitir é o preconceito – nesse momento seu guia espiritual se aproximou, inspirando. – O fato de eu ter tido contato com a Umbanda, religião esta tipicamente brasileira, não diminui nem mancha

meus poucos conhecimentos doutrinários, mesmo porque as entidades chamadas de pretos velhos, entre outras, é que cuidam da vigilância das casas espíritas, como os caboclos, índios, cuja força vibratória e magnética ajuda pormenorizadamente nos trabalhos de desobsessão ou subjugação, termo este mais apropriado; os pretos velhos, tarimbados na manipulação de energias e, portanto, mestres na magia, sabem como auxiliar igualmente no encaminhamento e na paralisação dos espíritos mais endurecidos, maldosos. Sim, porque todo livre-arbítrio tem um limite; temos o livre-arbítrio para fazer o bem, progredir, no entanto, para combater o mal, aí já entra a "tropa de choque" do Mundo Invisível, impedindo os delitos. Entre outras, foi isso que quis dizer nas palestras, quando pediram para parar de falar sobre os trabalhos espirituais de outras doutrinas...

Lúcio fez breve pausa, servindo-se de um copo d'água à sua frente, continuando em seguida:

– Peço licença ao espírito de Cairbar Schutel, apenas para exemplificar, por um médium que abordou o tema, ao se referir: *"A espiritualidade Superior contrapõe-se a esses exércitos negativos através de várias equipes de trabalho, como, por exemplo, a dos vigilantes e a dos índios, entre outras"*.[1] Cairbar refere-se aos desencarnados rebeldes, subjugadores que se agrupam em poderosas organizações no invisível sem outro desejo senão o de perturbar os que se encontram encarnados. Os espíritos das sombras estão se equipando. Por que os grupos de desobsessão e atendimento fraterno não podem fazer o mesmo? Estudar Kardec sim, praticar o Evangelho muito mais, porém as divisas que separam as entidades de Umbanda, Candomblé e outras só existem na imaginação de algumas pessoas. No Espiritismo não há rituais, paramentos, e essas veneráveis entidades vêm em nosso auxílio na Casa Espírita sem nenhum ritual.

– E quanto a espíritos que chegam à mesa, na reunião mediúnica, pedindo bebida, fumo ou outras coisas, dizendo-se

---

1. *Conversando Sobre Mediunidade. Retratos da Alvorada Nova* (Capítulo "Obsessão e Desobsessão") – Abel Glaser, pelo Espírito Cairbar Schutel – Casa Editora O Clarim.

Preto-Velho, Caboclo ou Guardião? – indagou outra companheira à cabeceira da mesa.
– Você acreditaria se Bezerra de Menezes, tido como o Kardec brasileiro, o pai dos pobres, incorporado a um médium pedisse um bisturi para realizar uma cirurgia perispiritual de um encarnado? Você o tomaria como tal, conhecendo a evolução espiritual dessa Entidade?
Todos ficaram em silêncio.
– Não podemos também desconsiderar – continuou Lúcio – a interferência do médium, que, não tendo conhecimento exato sobre o trabalho e a elevação de tais entidades, acredita que todo espírito que se apresente como Preto-Velho, Caboclo só faz seus trabalhos movido por "acessórios" materiais. Em realidade, isso pode ser coisa do médium, não da entidade. Se eles se utilizam desse material nas Casas afro-brasileiras, deve haver uma razão; as energias com que lidam são tão pesadas em nosso mundo material que precisam usar essas "ferramentas" para dissolver tais energias; se todos pudessem ver com os olhos da alma o que se passa nessas horas, compreenderiam. Não estou defendendo o uso contínuo de bebida, fumo, etc. Estou dizendo que muitas vezes abordamos assuntos e entramos em terreno no qual não temos a mínima noção do que estamos falando e, o que é pior, atacando o trabalho de nosso semelhante e de entidades benfeitoras e iluminadas, que apenas têm outra forma de trabalhar.
A autora da pergunta deixou transparecer que entendera o que ele estava querendo dizer, e Lúcio prosseguiu:
– Não acreditemos em tudo o que ouvimos, porque tais entidades, como Pretos-Velhos, Caboclos, para não citar as demais, vêm à casa espírita respeitando a forma de trabalho da mesma, e nem por isso deixarão de auxiliar. Quando se pede o auxílio de um espírito como Bezerra de Menezes para tratamento de uma doença física, o tratamento se dá e, às vezes, até a cura, mas quem lhes garante que não foi um Caboclo ou um Preto-Velho que fez o trabalho em nome de Bezerra? E quem nos garante que o mesmo nunca baixou em um terreiro umbandista para promover a cura de alguém?

– Percebo que nos grupos de tratamento de obsessão – disse Alencar – os resultados não têm sido satisfatórios. É verdade que a pessoa que está sendo influenciada pelo obsessor precisa fazer autorreforma de valores, centrar-se para conseguir o equilíbrio necessário; no entanto, mesmo em indivíduos que têm certa conduta moral, o problema da obsessão espiritual prossegue. Por que isso se dá? Poderia seu amigo espiritual que está ao seu lado na figura de um preto velho lhe inspirando nos orientar a respeito?

Lúcio ficou admirado e eu também me virei para Salomão e Santiago, surpresa com a revelação, uma vez que não sabia que Alencar tinha vidência. Os demais companheiros espirituais de nossa equipe também se surpreenderam, pois até então não sabíamos.

– Ele não pode nos ver, Eleonora – disse Salomão ante minha visível surpresa. – Alencar, depois que encontrou o equilíbrio, tem sua vidência mais definida, mas não vê a todo momento nem tudo o que deseja. Aliás, ele vira uma das entidades que os influenciava contra Lúcio, quando começou a trocar seu preconceito pela razão e a fraternidade real, aí soube e entendeu que estavam sendo vítimas, ou melhor, servindo de ponte para combater o psiquiatra que só queria alertá-los.

Lúcio sorriu ao ouvir de Alencar que ele estava vendo seu protetor espiritual. Ele sentira realmente sua presença, porém não o vira. E prosseguiu:

– Vocês devem saber que a terapia de vidas passadas não resolve todos os problemas traumáticos ou espirituais. Contudo, com as experiências que tenho tido, percebo que algumas pessoas terminam o tratamento curadas de algum trauma do passado, sentem-se mais leves, livres... E já tive exemplos de indivíduos com casos de obsessões que foram também curados, diga-se de passagem, obsessões causadas por eles mesmos, ou seja, autoperturbam-se e acreditam ser uma perseguição espiritual. Nem todos os casos de obsessão, como devem saber, devem ser colocados como dívidas de vidas passadas, cobranças de desafetos espirituais; muitas são de espíritos que estão aí para simplesmente

causar tumulto, atrasar os passos de quem quer caminhar em direção à grande Luz.
 Lúcio fez breve pausa, e aos poucos se deixou envolver quase completamente, dando passividade ao preto velho que falou a todos:
 – Meus filhos, a paz de Cristo esteja com todos! A pergunta foi feita a mim, então eu mesmo vou responder, podendo vocês concordar ou não com minhas palavras. Respondendo à sua perquirição, digo que, se os grupos, seja aqui, seja acolá, tivessem mais mente aberta, disciplina e fé, os resultados seriam outros... Enquanto o movimento espírita dentro de suas próprias trincheiras se digladia uns com os outros a respeito de se isso ou aquilo é ou não doutrinário, mais preocupados com a forma do que com o fundo, certamente não haverá tempo nem forças para lidar com as questões de perturbações espirituais complexas. Pedem o auxílio da espiritualidade para tal cometimento, e não se perguntam se estão preparados para um trabalho dessa natureza. Se tais espíritos não conseguem ser encaminhados corretamente neste ou em outros grupos espíritas, há outros grupos e agremiações que fazem com conhecimento de causa tal encaminhamento, auxiliando os encarnados e colocando o obsessor em seu devido lugar, razão pela qual grupos se enfraquecem, quando não se desfazem, porque não conseguem lidar com um espírito perturbador e o que dirá se fosse uma entidade trevosa, daquelas de dar arrepios só de ouvir ou olhar! O que prepondera é o orgulho; encargo nos trabalhos de uma casa, meus filhos, não é ficar sob a luz dos holofotes da vaidade, é sim responsabilidade que compete àqueles que estão em sintonia com o espírito da fraternidade, da disciplina, do bom senso, ligados pelos fios do dever a cumprir com a causa que abraçou em parceria conosco, os espíritos que se revestem perispiritualmente como querem, nos momentos necessários para realizarmos nosso trabalho.
 Nossos companheiros Pedro, Félix, Clara Nogueira, Valéria e Cínara e eu estávamos encantados com as palavras da entidade incorporada a Lúcio Motta, que tinha seu perispírito parcialmente afastado do corpo para que seu mentor pudesse se comunicar.

Quem diria, o cético psiquiatra do início, servindo de canal de médium para uma entidade!

Prosseguindo com a dissertação, a entidade concluiu:

– Quando o grupo mediúnico termina as sessões, nós continuamos em nosso labor; quando a equipe mediúnica falha, a nossa intervenção não! Por isso outros tipos de trabalhos, de grupos, de tratamentos como a Apometria, desde que tenham conhecimento de causa, seriedade e amor, também têm dado sua contribuição. Se há aqueles que se travestem de espíritas, umbandistas, *apômetras,* etc. e "mancham" a imagem desses grupos fazendo o que não devem e não podem, sendo teleguiados pelas sombras quando pensam estar sob o comando da Luz, a responsabilidade é deles, são cegos sendo conduzidos por míopes. Por isso, a vigilância é a oração. "É preciso se capacitar antes de querer fazer o que se propôs a fazer." Se não conseguem agir com firmeza com os espíritos obsessores, melhor será deixar que outros o façam, porque se corre o risco de levarem para suas vidas, em seu dia a dia, as energias deixadas por eles no ambiente. Os mentores, guias, amigos espirituais auxiliam sem dúvida, no entanto, não fazem milagre. Fiquem em paz, e que Jesus e Maria Santíssima os amparem e abençoem!

Todos permaneceram em silêncio respeitoso. Nada do que acontecera ali fora premeditado por Lúcio Motta, exceto a mensagem que elaborou como sugestão aos companheiros que o ouviam atentos. No mais, tudo já havia sido preparado por seu amigo espiritual com a anuência dos mentores da Casa Espírita e do grupo em questão.

Após o transe, por meio da psicofonia, Lúcio voltou à consciência, ainda um pouco entorpecido, como é normal, mas com o coração e o espírito banhados de paz.

A reunião estava encerrada e, pelo que víamos na expressão dos rostos e olhares dos presentes, todos sem exceção absorveram a mensagem do psiquiatra e da entidade comunicante.

Salomão e Santiago deram por encerrados nossos estudos da noite. Deixamos o ambiente informados por nossos instrutores que em breve retornaríamos à nossa colônia, onde cada um de nós teria muito trabalho a realizar. Decerto, alguns de nós demorariam a voltar à Terra como espíritos libertos da matéria, e talvez até mesmo como encarnados, uma vez que, depois dos trabalhos aos quais somos destinados no invisível, se torna difícil descer à vibração dos encarnados, carecendo para isso de autorização. Quanto à nossa reencarnação, possivelmente só aconteceria após a expurgação do planeta Terra, que passa na atualidade pelo processo de expiações e de provas redentoras, necessárias à seleção que já vem sendo realizada.

Dois dias depois, era dia das atividades de Lúcio na Casa Assistencial. Assim que adentrou o recinto se deparou com Flora e Carlinhos, o qual já denotava no semblante uma melhora na aparência, e ela também.

O menino, ao avistá-lo, correu de braços abertos ao seu encontro, e o psiquiatra o recebeu também de braços abertos, pegando-o no colo, beijando-lhe a fronte. Estava nascendo ali uma afinidade entre ambos; o carinho e o cuidado que Lúcio dedicava ao jovenzinho eram evidentes e essa empatia lhe fazia bem. Percebendo que Flora se sentia melhor e tão logo poderia deixar o filho aos cuidados das tias da Casa e procurar uma vaga no mercado de emprego, Lúcio demonstrava alegria em vê-la se reerguendo para a vida.

Por ora, ela precisava de apoio, de reestruturação e depois, quando estivesse empregada, e posteriormente com sua vida reorganizada, ela poderia seguir em frente, uma vez que a Casa Assistencial, como o próprio nome diz, serve como apoio, não para fazer aos assistidos o que cabe a eles mesmos quando já se encontram em condições para tal. O papel da instituição é fazer com que as pessoas caminhem, contudo sem mantê-los na comodidade...

Desobsessão

Nos dias que se seguiram fomos surpreendidos por um visitante que chegou até nossos instrutores, solicitando o concurso deles para atendimento a uma pessoa que era do nosso conhecimento. Tratava-se, esse visitante, de um espírito em emancipação espiritual, que deixara o corpo físico repousando no leito e saíra ao encontro de nossa equipe, mais precisamente de Salomão e Santiago. Fazia-se acompanhado de outra entidade, que *a priori* parecia ser seu espírito protetor, ou anjo guardião.

O visitante dissera que precisava da ajuda dos nobres benfeitores para socorrer um parente, no caso seu neto, que fora internado em um hospital psiquiátrico pela própria esposa, quando percebeu que as atitudes do cônjuge chegaram às raias da loucura. Não podendo contê-lo, encaminhara-o ao hospital municipal, que o recambiara ao hospital para doentes mentais.

A esposa, que não era espírita nem se interessava por qualquer filosofia ou doutrina espiritualista, sendo portanto materialista convicta, não suportara os excessos e extravagâncias do esposo, que parecia ter abandonado sua crença e descambado para o vício, após frustrações por falta de equilíbrio em administrar sua conduta, que pelo aprendizado à luz do Espiritismo deveria ter atitudes diferentes das que vinha apresentando.

O personagem a quem o espírito desdobrado se referia era Otávio.

Nós nos encaminhamos para o local indicado pelo espírito que se fazia acompanhar de outro, esperando que ele nos acompanhasse. Porém, ele nos disse que se ausentara do corpo físico pelo fenômeno do sono para poder nos advertir quanto à necessidade que Otávio tinha de nossa ajuda, e que no dia seguinte procuraria alguém na Casa Afro-brasileira, conhecida como Tenda de Pai Eusébio, onde participava, para posterior auxílio a seu neto.

– Não se preocupe, iremos ao seu encontro para auxiliá-lo. – Tranquilizou-o Salomão, dizendo para que voltasse ao corpo em paz, pois providências seriam tomadas.

Félix, um de nossos companheiros de equipe, interveio indagando:

– Salomão e Santiago, eu peço desculpas por minha curiosidade, gostaria de saber como o espírito, o avô de Otávio, sabia onde estávamos. E pelo que vi já os conhecia de outros tempos!

– Isso mesmo, Félix – respondeu Salomão. – E não é preciso se desculpar, pois estamos aqui em observação e trabalho de equipe para adquirir experiências, trocar informações e devo dizer que é importante que questionem, porque aqui nos encontramos não exatamente para ensinar, mas sim para aprendermos juntos.

Salomão mostrara-se humilde, bem como Santiago, ao dizer que estávamos ali para aprendermos juntos, não se colocando como professores ou superiores a nós. Essa sempre foi a característica de ambos, mesmo quando eu estava encarnada e me instruíam com sabedoria, amor e humildade.

– Bem, respondendo à sua indagação, digo que Nestor, este é nome do companheiro espiritual que aqui se apresentou, já é nosso conhecido há alguns anos, conhecedor profundo de Allan Kardec e de outras doutrinas espiritualistas. Ele tem se mostrado um grande colaborador de nosso plano, tanto como encarnado quanto quando ele se emancipa do corpo durante a noite, sem contar que faz desdobramentos conscientes.

– Ele mencionou a Tenda de Pai Eusébio, a casa que nós visitamos, e, mesmo sendo conhecedor das obras de Allan Kardec, ele optou por trabalhar em um núcleo espiritual afro-brasileiro!

Desculpe-me o comentário, não é preconceito, é que achei interessante; ele deve ter suas razões, porém o mais importante é poder contar com alguém que tenha a mente aberta, fazendo uso de seus vários conhecimentos sem menoscabar um ou outro.
– Perfeitamente, caro amigo – disse o mentor espiritual.
– Nestor, no alto dos seus quase oito decênios no corpo físico, independentemente de filosofia ou segmento religioso, tem sido um servidor do Cristo, fazendo a parte que lhe compete dentro de suas possibilidades. Então, quando precisa de nós ou quando precisamos nos servir dele, há sempre como nos encontrarmos, comunicarmo-nos. Que fique bem claro que o Espiritismo tem uma linha de trabalho bem definida, portanto não podemos confundi-la com outras linhas, correntes espiritualistas também respeitáveis; entretanto, o que equivale para o servidor de Cristo é o trabalho que realiza e não a crença ou o método como realiza o trabalho.

Ao chegarmos no hospital, deparamo-nos com outras entidades que se encontravam jungidas às suas vítimas ali internadas, em uma simbiose parasitária que levava os obsessos às malhas da loucura. Muitos deles medicados com calmantes que os deixavam aparentemente mais relaxados, porém mais vulneráveis à ação dos obsessores a eles imantados pelos laços perispirituais.

Percorremos algumas alas e, embora alguns dos internos dormissem, outros, no entanto, se mantinham acordados e em silêncio com gestos corporais repetitivos como se fixassem sua atenção em algo que nem mesmo nós conseguimos saber o que era.

Nossos companheiros de equipe, Pedro, psicólogo na Terra, o dr. Félix, psiquiatra, e Clara Nogueira, analista, todos voltados à área da psique humana, demonstravam naquele momento certa admiração diante do que presenciavam agora do outro lado da vida, quadros esses que não viam como encarnados, quando atendiam nos hospitais psiquiátricos.

Era madrugada, faltavam apenas umas duas horas para o raiar do Sol. Encontramos alguns plantonistas, enfermeiros que se movimentavam pelos corredores, entre eles espíritos perturbados e perturbadores que ali também permaneciam em meio às energias do ambiente que se mostrava carregado de ondas de pensamentos de baixa frequência vibratória.

Nem todos os que ali se encontravam eram realmente portadores de problemas mentais, porém em sua grande maioria eram pacientes que, se submetidos a tratamento espiritual, certamente não estariam isolados em um ambiente como aquele. Ou que, se tivessem cuidado da parte espiritual, não teriam sido atingidos mental e psiquicamente por seus algozes ou "comparsas" de além-túmulo.

Santiago e Salomão que seguiam à nossa frente pararam diante da porta de uma das alas, indicando que ali se encontrava Otávio.

Olhamos para o personagem em questão e percebemos que o espírito encarnado do mesmo não se encontrava presente; um cordão prateado elástico seguia atravessando o teto do ambiente, indício de que Otávio, em espírito, agora desdobrado do corpo físico, se ausentara para além da ala hospitalar...

Eu olhei admirada para nossos instrutores, indagando onde poderia estar o espírito que animava o corpo de Otávio.

Antes mesmo que Salomão ou Santiago me respondessem sob os olhares atentos de Pedro, Félix, Clara, Valéria e Cínara, eis que surgiu diante de nós uma entidade de aspecto deprimente e assustadora, de compleição física avantajada, dirigindo-nos a palavra em tom nada amigável:

– O que querem aqui?

Todos nós, com exceção dos dois nobres amigos, ficamos surpreendidos, pois a entidade estava nos vendo e com voz grave nos interpelava, sem demonstrar qualquer receio.

Salomão, sem perder a calma, mas também sem deixar de usar firmeza, disse:

– Nós que lhe perguntamos o porquê de estar aqui vigiando o corpo desse companheiro, como se lhe pertencesse. O que pretende com isso? E para onde levou o espírito que habita esse corpo que repousa?

– Não tenho de dar satisfações a vocês, emissários da Luz – respondeu em tom sarcástico. – Cuidem de seus afazeres, mas não se interponham entre nós...

Ele disse *nós*, pensei que falasse a respeito de Otávio e ele, mas ia mais além: tão logo fez um gesto, como a estalar os dedos, apareceu uma dezena de espíritos que estavam sob seu comando.

– Esse reduto é nosso – retrucou a entidade sombria. – Estou encarregado juntamente com meus escravos aqui presentes de fazer o trabalho que me compete: combater a hipocrisia de alienados que se dizem espíritas ou espiritualistas e se arrogam o direito de se acharem melhor que nós.

A pequena turba de malfeitores desencarnados postou-se à nossa frente. Notei que o grupo, embora se mostrasse arrogante e espargindo temor, não nos encarava, talvez por receio ou respeito.

Santiago e Salomão permaneceram observando-os, até que Salomão se adiantou:

– Eu quero que traga Otávio de volta ao corpo físico!

Diante disso, as entidades que o obsessor chamava de escravos foram se acercando de nosso grupo...

– Quanto tempo mais será necessário, Tarquino – falou agora Santiago –, para que deixe de promover a desordem e o mal? Observe quanto tempo tem perdido ao longo de séculos ao permanecer oposto ao bem, e por que promover a desarmonia entre grupos que se juntam para o estudo e o aprendizado espiritual, tal como o Espiritismo? Lembre-se de que o dia virá em que não poderá permanecer nas sombras, pois que ninguém foge à necessidade da evolução moral e concomitantemente espiritual.

Então era isso; esse ser era um dos que promovem as obsessões nos centros espíritas e espiritualistas; um combatente a favor das falanges do mal, investindo contra médiuns, participantes, casas e grupos em geral.

Fiquei estarrecida diante do diálogo que se seguiu em ambiente material como aquele.

Enquanto as entidades nos acercavam, Salomão alongava mentalmente o círculo de proteção em torno de nós; eles, porém, pareciam não perceber a proteção e suas vibrações que se faziam mais tenazes e constantes. Foram se aproximando de nós, não porque destemiam, mas porque uma energia sutil para eles os atraía como um ímã atrai o metal.

Pelo diálogo em tela era de se perceber que os dois benfeitores já o conheciam de longa data e, embora estivessem de lados opostos, o respeito era notório entre ambas as partes.

– Nós estamos lhe propondo mudança de rumo, Tarquino. Não seja ingênuo, manchando o nome de servidores espirituais, servindo-se de nomes e roupagens que não condizem com esses companheiros que também buscam o ressarcimento de seus equívocos passados – Santiago falara-lhe com firmeza, usando de tato e Psicologia. – Pense onde estará o espírito que mais ama, no caso sua mãe, sim, porque os maus também amam alguém. O espírito que também lhe devotara em sucessivas encarnações o amor do qual ainda hoje teima em não deixar nascer em seu íntimo pelo próximo, revoltado que se encontra com as leis soberanas da vida!

– Não me interessa nada disso! – retrucou novamente Tarquino. – Há tempos que venho ouvindo o mesmo discurso da parte de vocês. Eu só não sabia que esse infeliz estava sob a tutela de sua equipe. E não ouse falar sobre aquela que foi minha mãe no mundo, pois ela parece ter me abandonado.

– De forma alguma, Tarquino – insistiu o benfeitor. – Não há no mundo dos encarnados amor maior que o de mãe; esse sentimento é o que mais se aproxima do verdadeiro amor, aquele exemplificado pelo Mestre galileu, que veio ao mundo para ensiná-lo às criaturas. Sua mãe não o abandonou; você que há tempos se afastou dela caindo nos cipoais da maldade nesse outro lado da vida.

Antes mesmo de terminar a última frase, as dez entidades penetraram o círculo magnético, ao que este se fechou, mantendo-as presas. Quando Tarquino vira o que iria acontecer, bradou, dizendo aos seus "escravos" para que resistissem. Era tarde demais.

Vi a fúria em seus olhos que fumegaram qual fogo ardente, sem, entretanto, querer desferir qualquer reação enérgica contra os dois benfeitores.

– Terá de ser assim, Tarquino – disse Salomão. – Esses espíritos não lhe pertencem, muito menos são seus escravos. Agora eles estarão sob nossos cuidados, livres da opressão e de sua subjugação.

Nesse ínterim, eis que Tarquino fez menção de cortar o cordão de prata que mantinha Otávio, espírito ligado ao corpo, alegando que haviam tirado aqueles que estavam sob suas ordens, mas que levaria com ele Otávio, causando-lhe a desencarnação abrupta.

Não tardou e surgiu à nossa frente uma entidade denominada Caboclo Cobra Coral, respeitada e querida, ladeada por outros dois espíritos de sua estirpe espiritual, trazendo Otávio em espírito, nos braços.

Tarquino observou-os de soslaio, sabendo a força fluídica de tais vanguardeiros da espiritualidade, e recuou por um instante.

– A nova era do planeta Terra já se iniciou, Tarquino – prosseguiu o benfeitor. – E o tempo de separar o joio do trigo já se faz presente, consoante a parábola enunciada por Jesus Cristo. Lembre-se de que será levado a outros mundos, inferiores à Terra, pois esta se encontrará no porvir em Planeta de regeneração, e essa regeneração será para aqueles que estiverem em condições de ser integrados a ela. Ainda há tempo de se ressarcir de suas maldades...

Tarquino recuou vencido em seu tentame, deixando para trás as entidades subjugadas, que agora seriam encaminhadas pelos servidores do bem, na feição da entidade Cobra Coral e seus companheiros.

– Para onde irão levá-los? – perguntou Félix, observando os espíritos que tentavam resistir ao magnetismo sob o qual estavam presos, como anestesiados que vão perdendo a consciência pouco a pouco.

– Eles serão encaminhados a uma das bases da Colônia Espiritual de Santo Agostinho, região esta no Astral, onde espíritos como estes que aqui vemos são internados, tirados de circulação, tal qual acontece na sociedade dos encarnados quando alguém viola as leis e põe em risco a integridade de outros indivíduos.

– Mas não seria violar o livre-arbítrio deles? – indaguei interessada.

– O livre-arbítrio é relativo, portanto, limitado quando se está causando danos a outrem – respondeu Santiago. – Além do quê, não estamos lidando com entidades "boazinhas", e, apesar de estarem sob o comando de outros como Tarquino, não pensariam duas vezes em promover os distúrbios psíquicos em suas vítimas, agredindo-as espiritualmente de forma que você nem imagina. São marginais da escuridão, não tão perigosos quanto os que estão acima de Tarquino, mas nem por isso deixam de ser uma ameaça. Quando estiverem em condições e a consciência estiver desperta, certamente receberão o tratamento adequado ao estado espiritual e consciencial de que desfrutam. Por ora, são prisioneiros de si mesmos, envolvidos no magnetismo do bem. Se vibrassem em outra faixa, certamente não estariam presos a esse círculo luminoso...

Tarquino bateu em retirada, e os guardiões do Mundo Invisível, sob o comando de Cobra Coral, também se retiraram, levando consigo as dez entidades, já em estado de sonolência.

Otávio havia sido levado em espírito para regiões próximas à Terra, onde outros espíritos pervertidos ao mal implantavam-lhe mais miasmas psíquicos, aparelhos parasitas, deixando-o assim mais vulnerável aos seus intentos. Se não fosse a intervenção dos abnegados benfeitores, certamente viria a desencarnar fora do prazo, servindo como presa aos planos nefastos do Astral inferior.

Perguntarão alguns: como pode um espírita ficar sob o comando dos espíritos das sombras? Na informação que obtivemos de Salomão e Santiago, o auxílio espiritual a espíritas ou não espíritas se dá da mesma forma, muito embora a mente do obsesso esteja ocupada com os pensamentos do obsessor; todavia, independentemente de ser desta ou daquela fé, quando há abertura os espíritos perturbadores atuam, consoante as inclinações de seus subjugados.

No caso de Otávio, ele tinha compromisso em trabalhar dentro da doutrina afro-brasileira como médium que é, todavia sua mediunidade ficara um tanto estagnada, por não fazer conforme deveria, e, "não encontrando" espaço no meio espírita, inconscientemente deixou de realizar o que lhe competia, tamanha sua repulsa pelo africanismo, pela religião afro-brasileira.

Se ao menos tivesse feito o que lhe competia dentro do Espiritismo, com equilíbrio, simplicidade e burilamento, seu trabalho, se não realizado a contento, ao menos lhe garantiria ônus, ressarcindo-o dessa forma de seu passado delituoso.

As horas haviam passado rápido, e, antes mesmo que deixássemos o hospital psiquiátrico no raiar de mais um dia, eis que Lúcio Motta chegou à enfermaria requisitando ver o paciente. Fora informado nas primeiras horas daquele dia sobre a internação de Otávio.

Lúcio chegou acompanhado de Ernesto que, para minha surpresa, nos identificou a presença pela vidência que se lhe desenvolvera, face ao exercício da mediunidade na Tenda de Pai Eusébio, que lhe trouxera estabilidade emocional e espiritual; até mesmo sua expressão fisionômica havia se modificado.

O jovem psiquiatra foi autorizado a ver o paciente, que ainda repousava após a aplicação de passes e fluidos trazidos da natureza pelos companheiros espirituais de Cobra Coral, que o resgatara das malhas obsessivas de Tarquino e seus asseclas.

Ao verificar que Otávio ainda dormia, ele e Ernesto foram ver se o médico titular que era seu amigo, o dr. Vasconcelos, já havia chegado.

Antes de volver-se à porta para deixar o quarto, ele notou que Ernesto permanecia em silêncio, olhando em nossa direção, talvez embevecido com os fluidos e irradiações luminosas de nossos dois instrutores.

Perguntou a Ernesto se estava tudo bem, ao que este lhe respondeu com um aceno de cabeça e um leve sorriso, completando:

– Sim! E tenho certeza de que Otávio não tardará a sair daqui!
– Ótimo! Vamos ver se o dr. Vasconcelos já chegou.

Ao se dirigirem à sala do médico psiquiatra, eis que o encontraram no corredor; após cumprimentos iniciais, Lúcio expôs ao colega a situação que Otávio vinha atravessando e disse que o problema do paciente não era loucura, mas sim questões de ordem espiritual e que ali não seria adequado deixá-lo internado.

O dr. Vasconcelos, sabedor de que Lúcio Motta já há algum tempo aderira à Doutrina Espírita, ouviu-o atento, dizendo que seria melhor ver como estava o paciente que fora internado ali no dia anterior. Lúcio e Ernesto, agora acompanhados do médico, após quase uma hora de conversa, retornaram ao quarto para verificar se Otávio já havia acordado.

Ao adentrarem o quarto, ele já se encontrava acordado, aos cuidados de um enfermeiro que por prescrição médica iria lhe ministrar outro remédio.

Lúcio falou ao dr. Vasconcelos para que suspendesse o medicamento, pois precisava que Otávio estivesse consciente; sedativos não iriam ajudá-lo agora, uma vez que o interno se encontrava mais calmo.

O enfermeiro foi dispensado com a medicação de que se fazia portador, e Otávio, agora lúcido, olhava para Lúcio Motta e Ernesto de forma diferente, talvez sentindo uma ponta de vergonha.

– Viemos buscá-lo, amigo – disse Lúcio. – Como se sente?

– Melhor... Parece que acordei de um sonho ruim, mas me sinto mais aliviado – respondeu Otávio, ainda sem jeito. – Mas o doutor já me deu alta?

O dr. Vanconcelos endereçou-lhe um sorriso e, colocando a mão sobre o ombro do paciente, disse-lhe:

– Não costumo fazer isso, mas estou atendendo ao apelo de um jovem amigo e colega de profissão. Ele irá cuidar melhor de você fora daqui.

O psiquiatra deixou-os a sós, dirigindo-se aos seus outros afazeres no hospital.

Lúcio convidou Otávio para se preparar, pois dentro em breve, tão logo resolvesse os trâmites legais internos do hospital, poderiam ir embora.

– O que houve comigo? – perguntou Otávio. – Eu me senti outra pessoa, fora de mim mesmo, ou seria eu mesmo, meu lado obscuro saindo de dentro de mim?

Ernesto e Lúcio se entreolharam, e Ernesto, tomando a palavra, procurou confortá-lo:
— Isso passa, Otávio! Sei como se sente. Algo parecido estava acontecendo a mim, quase enlouqueci, mas devo salientar que é necessário fazer uma autoanálise, rever conceitos e reformular prioridades. Aceitar certas coisas ou procurar ao menos compreendê-las, pois só assim podemos receber a ajuda que muitas vezes teimamos em não acreditar que necessitamos.
— Tive um sonho estranho — tornou Otávio pensativo. — Estava em um lugar esquisito, cercado de pessoas cujos rostos não conseguia ver. Elas me hostilizavam, pareciam sugar minhas energias, até que surgiram outros personagens, estes mais pareciam ter saído de uma tribo indígena, pois me lembro que se vestiam como tal, causando pavor naqueles que me assaltavam as energias. Depois não me recordo de mais nada, só de um calafrio que percorreu pela minha espinha até o alto da cabeça.
— Não se preocupe; seja o que for, a espiritualidade amiga já está lhe favorecendo — sossegou-o Lúcio. Espere mais um pouco e já o tiraremos daqui.
— E para onde vão me levar? Eu não posso voltar para casa. Minha esposa foi quem me internou aqui. Como voltaria para lá?
— O fato de ela tê-lo internado nesse hospital não lhe tira o direito de voltar para sua casa, além do que foi o único jeito que encontraram naquele momento de protegê-lo de seu "surto psicótico", o que equivale dizer influência espiritual negativa pela qual se deixou afetar. Mas isso não importa agora: se preferir, poderá ficar alguns dias na Casa Assistencial.
Otávio pareceu condescender, estava mais acessível e calmo.
Salomão e Santiago nos fizeram uma ressalva, dizendo que o trabalho de desobsessão iniciara ali, mas o paciente precisaria acautelar-se e passar por um tratamento de passes e fluidificações, reflexões e vigilância para que o liame com tais e outros obsessores fosse rompido definitivamente. O trabalho de tratamento do obsesso não se resume a uma reunião e outra; é obra de perseverantes esforços por parte do obsediado e, muitas vezes, grupos há que não conseguem ajudar o obsediado, pois falta tato

e experiência à equipe de encarnados. Não é algo para aventureiros ou de pessoas imbuídas apenas de boa vontade.

A vida de Otávio daquele dia em diante seguiria em ritmo normal e sua participação em grupos mediúnicos de desobsessão, principalmente, foi vetada. Ele precisava de tratamento, estudo e reflexão. Os resquícios fluídicos implantados em seu perispírito foram sendo retirados pouco a pouco; seu avô colocara seu nome nos trabalhos da Tenda de Pai Eusébio, enquanto seus companheiros de Centro Espírita faziam o mesmo nas reuniões.

Valéria e Clara Nogueira indagaram aos Mentores o motivo de estarmos nos deparando com trabalhos e entidades ligados à Umbanda, uma vez que nossa excursão seria para verificar os transtornos psíquicos e espirituais dos personagens em foco. Embora abordassem situações à luz do Espiritismo, as questões espirituais das religiões afro-brasileiras se fizeram mais presentes, porém não menos importantes, e diga-se de passagem que a visão delas a respeito das mesmas também havia mudado a partir do que presenciamos durante esse período em que acompanhamos o dr. Lúcio Motta.

Ambos disseram, cada um à sua maneira, que as entidades que trabalham nos núcleos afro-brasileiros não se autodenominam deste ou daquele credo ou doutrina como fazem alguns companheiros, que, ao falarem deste ou daquele espírito, dizem: *espírito espírita*, colocando dessa forma uma barreira entre os espíritos encarnados que se identificaram com a Codificação de Allan Kardec, em seu tríplice aspecto. Porque o que realmente importa para o espírito não é o "título" religioso, filosófico ou doutrinal de que se serviu na Terra, mas o que aprendeu com seus ensinamentos, libertando-se de rótulos, vivenciando seja na Terra, seja no além-túmulo, o amor universal, tendo como norte os ensinamentos de Jesus e de tantos outros missionários e tarefeiros que vieram ao mundo para impulsionar o progresso do espírito encarnado, nas mais diversas áreas.

O escopo de Santiago e Salomão era o de desmistificar tais entidades do bem que atuam tanto nas religiões afro-brasileiras quanto no Espiritismo, às vezes mesmo sem o conhecimento dos encarnados. A intenção é a de mostrar que o preconceito é dos homens, jamais dos espíritos, cada qual, é claro, atuando na forma como precisa e deve, respeitando-se e ajudando-se mutuamente.

Eu estava embevecida, assim como Cínara, Pedro, Félix, Clara e Valéria também estavam. Nossa excursão estava chegando ao fim, ao menos por enquanto, porque outros casos e histórias das personagens da vida real, entre os dois hemisférios da vida, estavam por vir, e, como espírito não descansa depois da desencarnação, nós tínhamos muito a fazer ainda.

Existência e Aprendizado

Alguns dias haviam se passado desde o episódio do hospital psiquiátrico, quando Lúcio chegou para mais um dia de trabalho na Casa Assistencial e foi requisitado por Flora, que lhe pedira um aparte. Ela estava muito feliz e queria compartilhar com ele o motivo de sua felicidade.

– Lúcio, quero lhe fazer um comunicado: consegui um emprego, passei em um concurso do Estado, o salário é bom e creio que vai ser o suficiente para manter a mim e ao Carlinhos. Estou procurando uma casa ou pequeno apartamento para tocar minha vida.

O psiquiatra se mostrou feliz pela recente conquista de Flora, mas via-se em seu olhar uma ponta de nostalgia, pois ele se apegara ao menino, que tratava como se fosse seu filho, e por ela também ainda podia sentir todo o carinho e afeto de outrora, ainda mais com a convivência quase que diária.

O que ambos pensavam ter se sufocado pelos dramas do passado voltava aos poucos, pois os dois estavam em outra faixa de pensamento, ideais e sentimentos, mais maduros e experientes.

– Fico feliz por você, Flora!

– Eu agradeço tudo que tem feito por mim e meu filho, assim como agradeço a essa instituição e seus colaboradores que sempre nos trataram com carinho e atenção, principalmente no momento em que mais precisei. E quis o destino que eu me encontrasse com o homem o qual amei, e que por imaturidade e fraqueza perdi, lá no passado, por me render a uma atitude leviana e imatura. Hoje, é esse mesmo homem que me estende a mão, e o que me deixa mais feliz é o fato de ter sua amizade e companheirismo, apesar de toda a dor e sofrimento que lhe causei.

Flora tinha os olhos lacrimosos, e, não contento a emoção diante da sinceridade de suas próprias palavras, as lágrimas escorreram por sua face, que se iluminou, como a querer dizer-lhe algo mais, além do que lhe expunha.

Ele, por sua vez, não ficou indiferente; embora feliz com sua conquista, tinha o coração apertado porque de certa forma não gozaria da companhia de Flora e Carlinhos, pelo menos não de forma constante.

– Vou seguir com minha vida – prosseguiu ela ainda emocionada –, mas quero dar minha contribuição a essa Casa, fazendo algo por aquelas que, assim como eu, não tiveram o apoio moral e material daqueles que estavam mais próximos.

Lúcio baixou o olhar ao ouvi-la recordar-se de seu drama pessoal, quando ela, em um gesto espontâneo, colocou a destra em seu queixo, erguendo-o carinhosamente, e continuou:

– Você não teve culpa de nada. O que passei foi fruto de minha imaturidade. Eu provoquei tudo isso. O que me valeu a pena sobre o que aconteceu foi o nascimento de meu filho, que, independentemente de quem seja o pai biológico dele, o importante é que ele é um ser que veio para me dar forças e alegria. Mas o mais importante não é quem seja o pai biológico, mas que ele tem um pai postiço, um homem de bem que ele ama como tal realmente.

Lúcio sorriu emocionado, dizendo-lhe, algo sem jeito:

– Eu também o considero como meu filho!

Naquele instante, os dois se abraçaram, visivelmente emocionados, cheios de carinho, respeito e amor um pelo outro. Os olhares não deixavam enganar e o beijo foi inevitável.

Agora ambos estavam prontos um para o outro.

Flora deixou a instituição na condição de pessoa amparada para posteriormente dar amparo às pessoas que lá passavam, e assim, durante o período em que permaneceu na casa, aprendeu e se interessou pelos ensinamentos do Espiritismo, vindo a trabalhar no Centro Espírita anexo à Casa Assistencial.

Seis meses depois de ter alugado seu apartamento, ela e Lúcio deixaram de ser namorados, passando a ser marido e mulher de papel passado.

A vida seguia seu curso, Ernesto se encontrara realmente na Tenda de Pai Eusébio. Lúcio prosseguia com as terapias ajudando a muitos que o procuravam como profissional da área.

Otávio, de perseguidor, passou a ser companheiro de Lúcio e Ernesto, e pasmem: a última vez em que nossa equipe o viu, ele estava na Tenda de Pai Eusébio sendo atendido pela entidade.

Estávamos prontos para retornar à nossa Esfera, ao nosso mundo. Santiago e Salomão, durante o período em que nos detiveram no caso de Lúcio Motta, Ernesto e outros personagens, sempre usaram de carinho e compreensão para com todos nós e para com os que ainda prosseguem na romagem terrena.

As lições foram deveras satisfatórias e proveitosas. Nós todos nos abraçamos antes da partida. Clara Nogueira, Pedro, Félix Valéria, Cínara e eu nos felicitamos por termos participado juntos de tal experiência fora do corpo, sob a tutela de Santiago e Salomão.

Antes de alçarmos em direção à nossa colônia, eis que fomos agraciados com a presença do espírito Eusébio e sua equipe espiritual: os índios, pais e mães velhas, entre outros, bem como os espíritos que vêm laborando na seara espírita, fazendo com que o Espiritismo não fique circunscrito no *movimento espírita*, mas que vá além desse e seja realmente o Consolador Prometido.

Que todos, imbuídos do ideal de amor e evolução, se mirem na figura paternal e espiritual de Bezerra de Menezes, na candura e amor de Chico Xavier e no ideal ímpar de Cairbar Schutel, o bandeirante do Espiritismo. Estes, só para citar alguns, são os baluartes da vivência espírita e fraterna, digo fraterna para não dizer cristã, porque daria a ideia de que o Espiritismo é somente para os cristãos, quando na verdade é Doutrina para todos os rótulos e credos.

A existência é um aprendizado constante e incessante cujos valores adquiridos vão além do círculo estreito e acanhado em que a maioria se movimenta, como se a Terra fosse uma colônia de férias, ou um campo de batalha, quando na verdade deveria ser vista como educandário, escola e campo de trabalho e aprendizado, angariando experiências e adquirindo méritos para o porvir em futuras encarnações, seja neste ou em outro planeta.

Jesus veio exemplificar o amor, não falou em religião. Sua religião é o AMOR, Sua ligação com a vida na Terra é Deus e até hoje povos se exterminam em nome da religião, quando na verdade vivem na religião que dizem professar, mas a religião não vive neles. Religião que extermina não pode ser chamada de religião. "Doutrina" que discrimina e usa de preconceitos não pode ser chamada de doutrina; preconceituosos e orgulhosos são aqueles que agem dessa forma em nome da Doutrina ou da religião.

Despedimo-nos de todos os companheiros.

A despedida fora simbólica porque sabíamos que tornaríamos a vê-los. Por ora, novas atividades nos aguardavam na espiritualidade e, para alguns de nós, de nosso grupo, descer vibratoriamente à esfera dos homens demoraria a acontecer; mesmo como espíritos libertos da matéria, temos recomendações a seguir, e depois de um tempo não viemos à Terra com tanta regularidade. Para alguns de nós, a reencarnação não demoraria a acontecer; no entanto, para outros, o trabalho no invisível nos seria facultado sem interrupções, porque não poderíamos ficar expostos às emanações fluídicas constantes da psicosfera do planeta.

A vida prossegue, e infelizmente os dramas ainda se sucedem uns aos outros porque o planeta por ora é de provas e expiações; e, assim, não são poucos os que se deixam emaranhar nas malhas da obsessão de variado porte, sem, contudo, permanecer com a ausência assistencial de dedicados Benfeitores do Mundo Invisível, que os estimulam e amparam mesmo na escuridão da própria ignorância e tenacidade espiritual.

O amor de Deus jamais nos esquece!

Bibliografia

COSTA, Vitor Ronaldo. *Apometria – Novos Horizontes da Medicina Espiritual*. Casa Editora O Clarim.
FRANCO, Divaldo P. Pelo Espírito Manoel P. de Miranda. *Loucura e Obsessão*. Federação Espírita Brasileira.
GLASER, Abel. Pelo Espírito Cairbar Schutel. *Conversando sobre Mediunidade. Retratos da Alvorada Nova*. Casa Editora O Clarim.
JUNG, Carl Gustav. *Memórias, Sonhos e Reflexões*. Editora Nova Fronteira.
KARDEC, Allan. *O Livro dos Espíritos*. Ed. Ide.
_____. *O Evangelho Segundo o Espiritismo*. Ed. Ide.
_____. *O Livro dos Médiuns*. Ed. Ide.
_____. *Obras Póstumas*. Ed. Ide.
PEREIRA, Yvonne A. *Devassando o Invisível*. Federação Espírita Brasileira.
PINHEIRO, Robson. Pelo Espírito Ângelo Inácio. *Tambores de Angola*. Casa dos Espíritos Editora.
SARACENI, Rubens. Inspirado por Pai Benedito de Aruanda. *O Guardião da Meia-Noite*. Madras Editora.
WEISS, Brian. *A Cura Através da Terapia de Vidas Passadas*. Editora Sextante.

Este livro foi composto em Minion Pro, corpo 11,5/13.
Papel Offset 75g
Impressão e Acabamento
Orgráfic Gráfica e Editora — Rua Freguesia de Poiares, 133
— Vila Carmozina — São Paulo/SP
CEP 08290-440 — Tel.: (011) 6522-6368 — comercial@terra.com.br